出《で》口《ぐち》 汪《ひろし》の日本語論理トレーニング 基礎編

論理エンジンJr.《ジュニア》

1年

出口 汪＝著

小学館

劣っているからではなく、言語の習得が遅かっただけなのです。

「頭が良い」といった言い方をすると、どうしてもそこには生まれながらの能力の問題と捉えられがちになります。だから、私は決して「頭が良い、悪い」といった言い方をしません。論理力というと、言葉の規則に従った使い方のこととなり、それは後天的に訓練によって習得すべき言語技術の問題となります。

私たちは意識せずとも日本語を使いこなし、日常生活においてはそれほど不自由を感じることはありません。しかし、そうした日常生活レベルの日本語では、学習をしていく上では不十分です。

子どものうちから言葉の論理的な使い方に習熟することで能力開発につながるし、論理力だけでなく、感性まで磨くことができます。そうして、幼少期に獲得したその力は、生涯にわたってその子どもがより自由に生きるための武器となります。


今の子どもが二十歳を迎えるころ、この日本は、世界はどのようになっているでしょうか？

かつてはいかに速く正確に計算ができ、いかに記憶ができるかが、優秀な人間とされてきました。でも、今やそれらはコンピューターの仕事となり、人間はコンピューターのできない仕事を受け持つようになるのです。その時必要な能力が、自分でものを考え、他者とコミュニケーションをとることができる力です。グローバル化の社会においても何よりも大切なのが論理力です。実際、文科省の学習指導要領を初め、全国学力テスト、ＰＩＳＡ（ＯＥＣＤ生徒の学習到達度調査）など、世界の潮流は論理的に考える力に注目しているのです。

それなのに、教育の世界は未だに旧態依然のままです。残念なことに、子どもたち自身が自分の教育を自分で選び取ることはできません。

小学生の間は、まさに親の選択の善し悪しが子どもの能力を決定します。

「論理エンジン」は日本で唯一の本物の論理力養成のための、システマティックに作られた教材です。しかも、中学生、高校生においてはめざましい成果をすでに上げています。

ぜひ子どもたちの将来のために、「論理エンジン」で
本物の学力を養成してあげてください。

出口　汪

保護者の方へ

私たちは言葉を使ってものを考えます。言葉を使わずに何かを考えようとしても、カオス（混沌）の世界に投げ出されてしまうだけです。

子どもたちの感性も、言葉の使い方と無関係ではありません。私たちは外界をいったん言葉で整理し、その上で感性で処理するのです。たとえば、「暑い」と感じるのは犬や猫でも同じですが、言葉を持たない他の動物はそれを「暑い」とは認識できません。私たちはすべていったん言葉に置き換え、それに基づいて感覚的にそれを受け止めます。

何でも「ウザイ」「ムカツク」といった言葉でしか表現できない人間は、その言語能力に応じた粗雑な感性しか持つことができません。

実は、論理力とは言葉の規則に従った使い方ができるかであり、感性とは言葉の微妙繊細な使い方ができるかどうかなのです。

小学校一年生は言語生活を送る上で非常に大切な時期となります。なぜなら、生まれて初めて集団生活を始めなければならないからです。その時に必要なのはコミュニケーション力。その中心となるのが、論理力なのです。

もちろん、小学校一年生で高度な論理力を獲得できるはずはありません。しかし、どのような言葉の与え方をするかで、その後の学力の伸びに決定的な差が出ます。本書も言葉を教えることが中心になりますが、ただ闇雲に覚えさせるのと、論理を意識して体系的に言葉を与えるのとでは決定的に異なるのです。

「論理エンジン」は生涯にわたって必要な考える力（論理力）を獲得するため、まずは正しい一歩を踏み出すように体系的に作られています。

どこに行くのか分からないままに最初の一歩を踏み出すのと、明確なゴールイメージを持って正確な一歩を踏み出すのとでは、一年、二年、三年後に大きな違いが表れてきます。

考える力は頭の善し悪しだと考えられがちです。もちろん、先天的な個人差があることは否めませんが、それを論理力としてとらえたとき、先天的な才能よりも、後天的な訓練・学習による成果の方が大きいのです。

なぜなら、だれもがいずれは言葉をしゃべれるようになるからです。それは能力の差ではなく、早熟か否かの問題なのです。

この時期はどうしても言語の習得時期に個人差があります。早熟な子どもは幸い、人の話を理解することができ、学習の上でもコミュニケーションの上でも有利になります。ところが、たまたま言語の習得が遅い子どもは様々な場面において大変不利な状況に追い込まれてしまいます。でも、それは何も能力が

ステップ 1

「だれ」「なに」の ことば（1）

だれは

学しゅうした日　月　日

つぎの □ に 入《はい》る ことばを ⬚ から
えらんで かきましょう。

ぼくは カズマです。

①
□
小学《しょうがく》一年生《いちねんせい》です。

小学《しょうがく》一年生《いちねんせい》は　カズマは

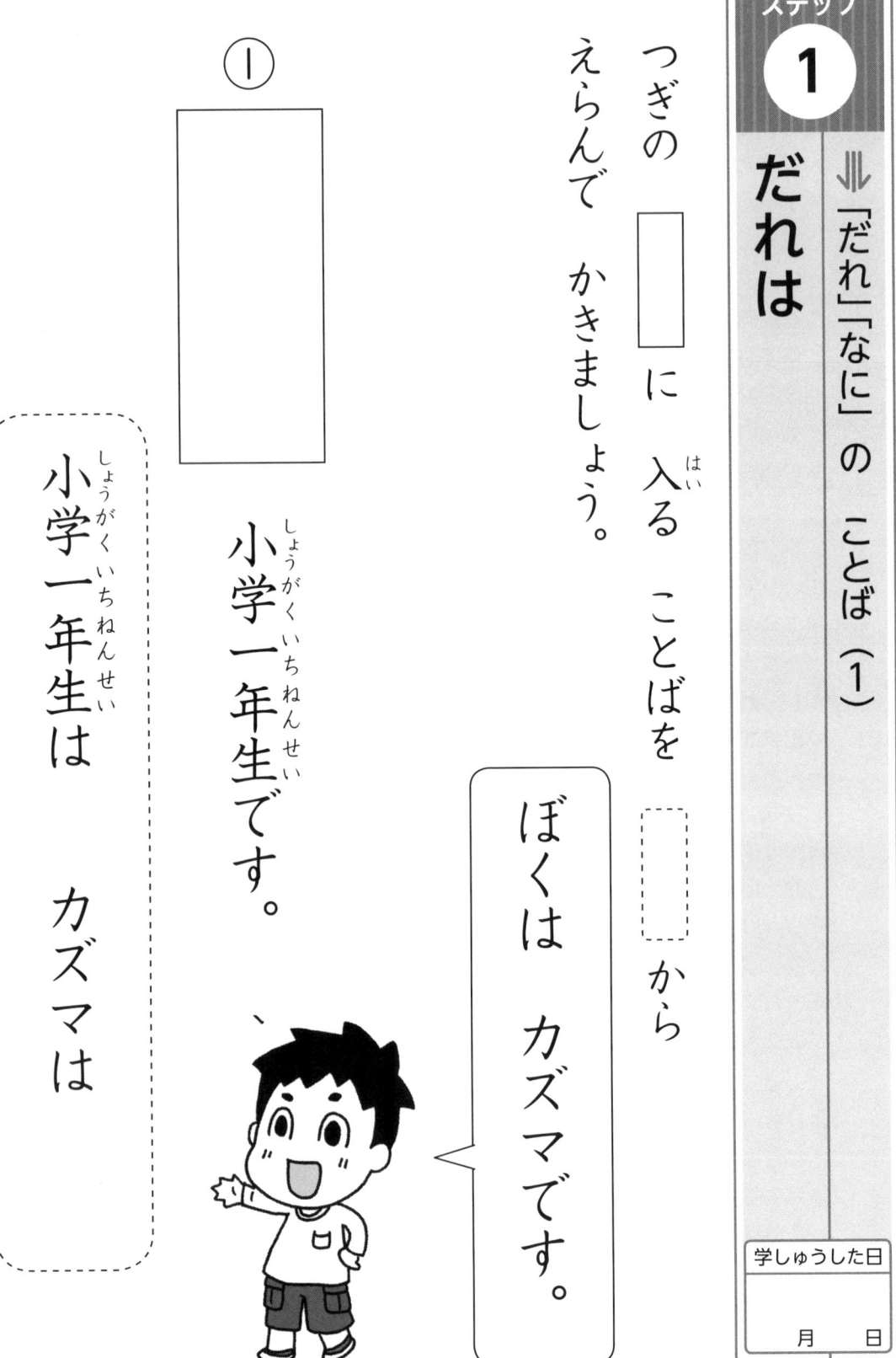

②

カズマの ともだちです。

カズマは リサは

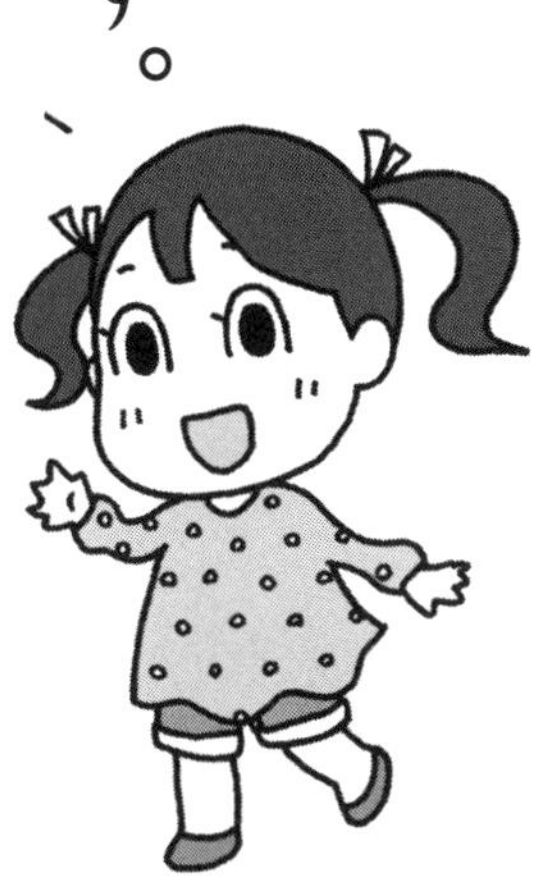

③

カズマと リサの ともだちです。

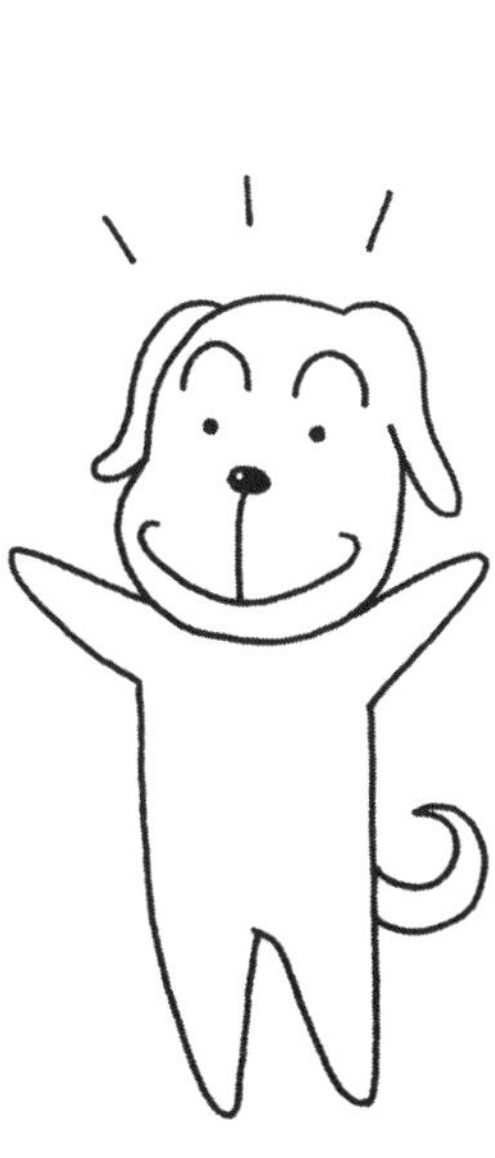

リサは アズキは

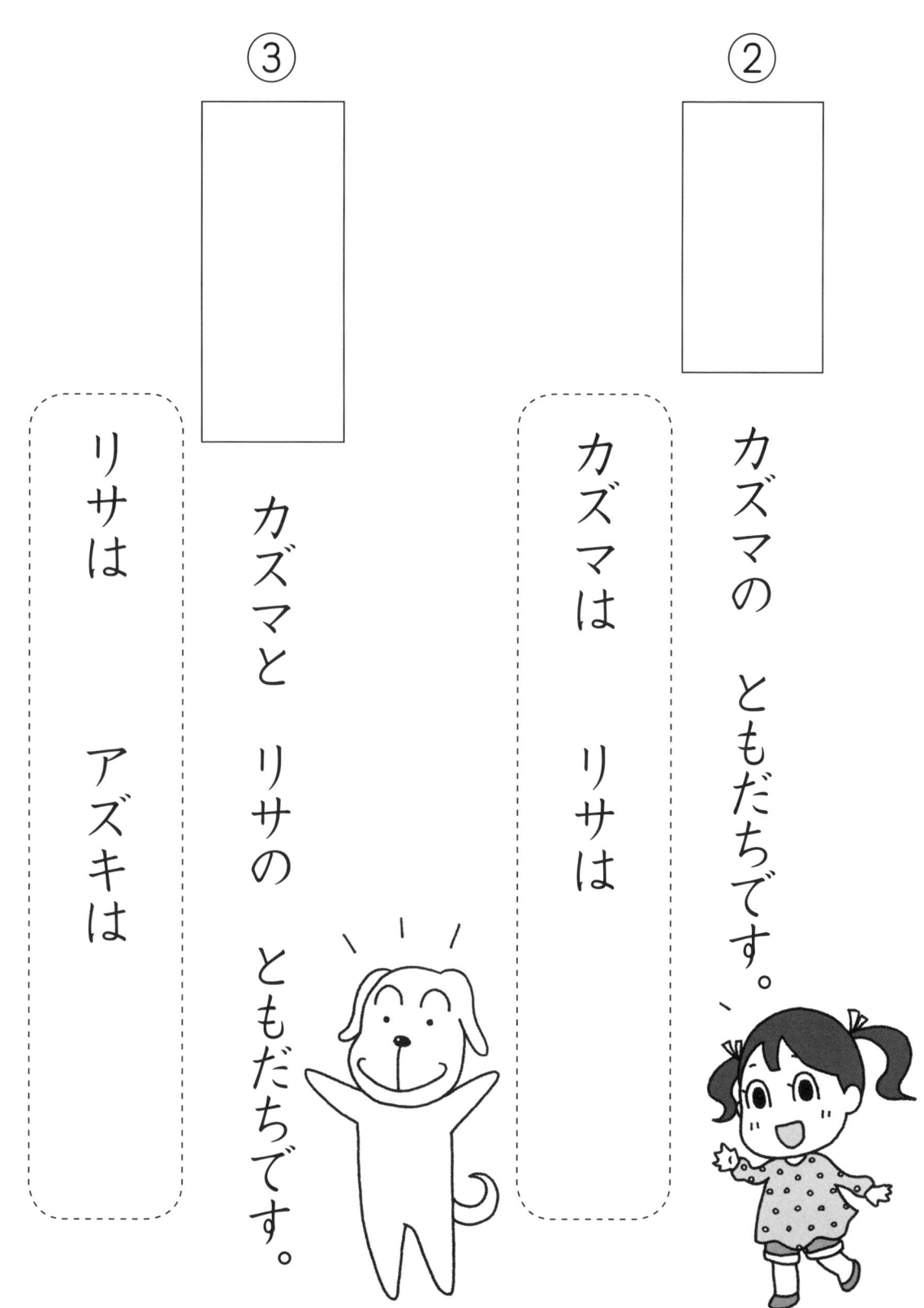

ステップ 1

だれが

⇓「だれ」「なに」の ことば (2)

学しゅうした日　月　日

□ に 入《はい》る ことばを □ から えらんで かきましょう。

① □ ボールを けります。

ボールが　サッカーが　カズマが

②

[　　　]

なわとびを　しています。

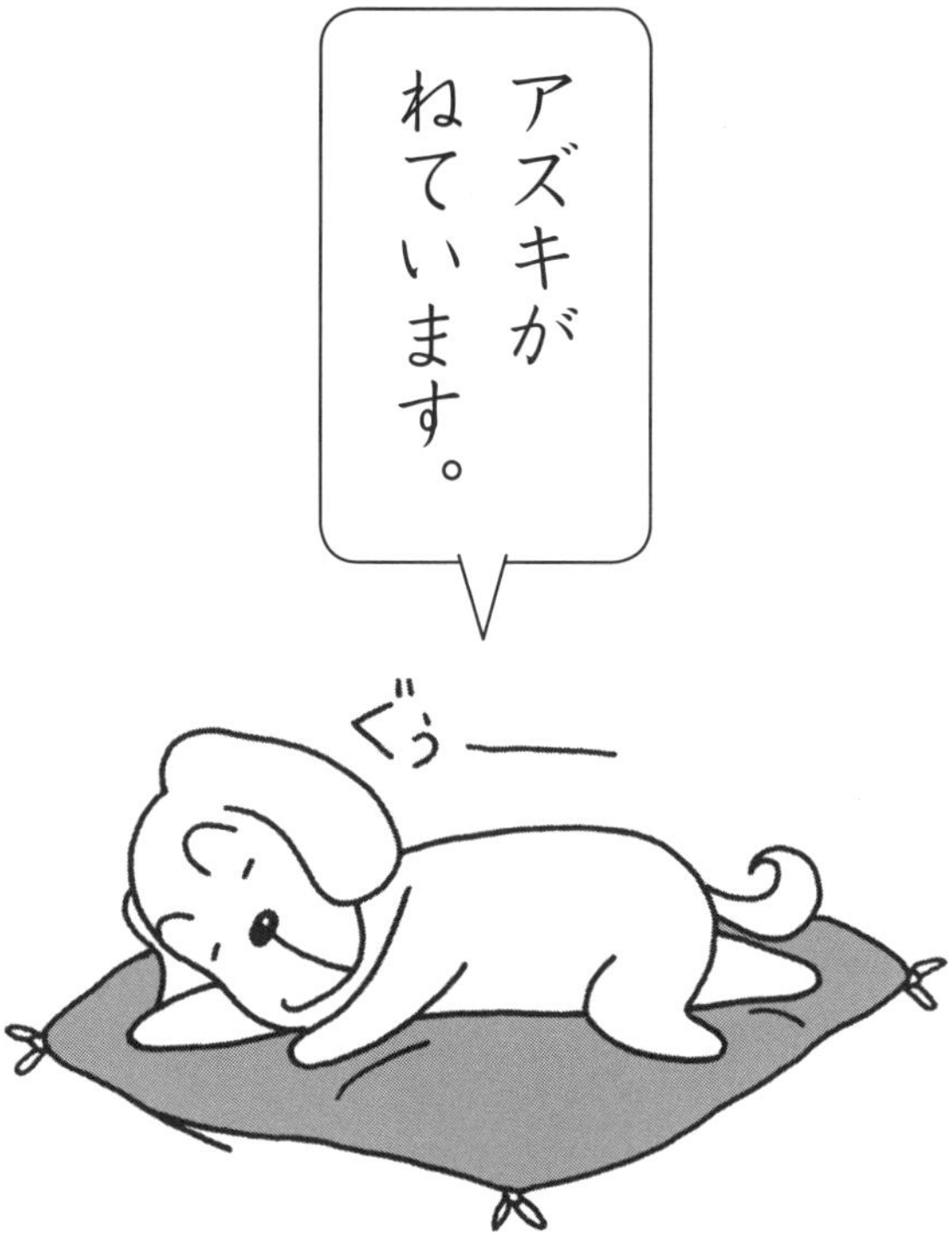

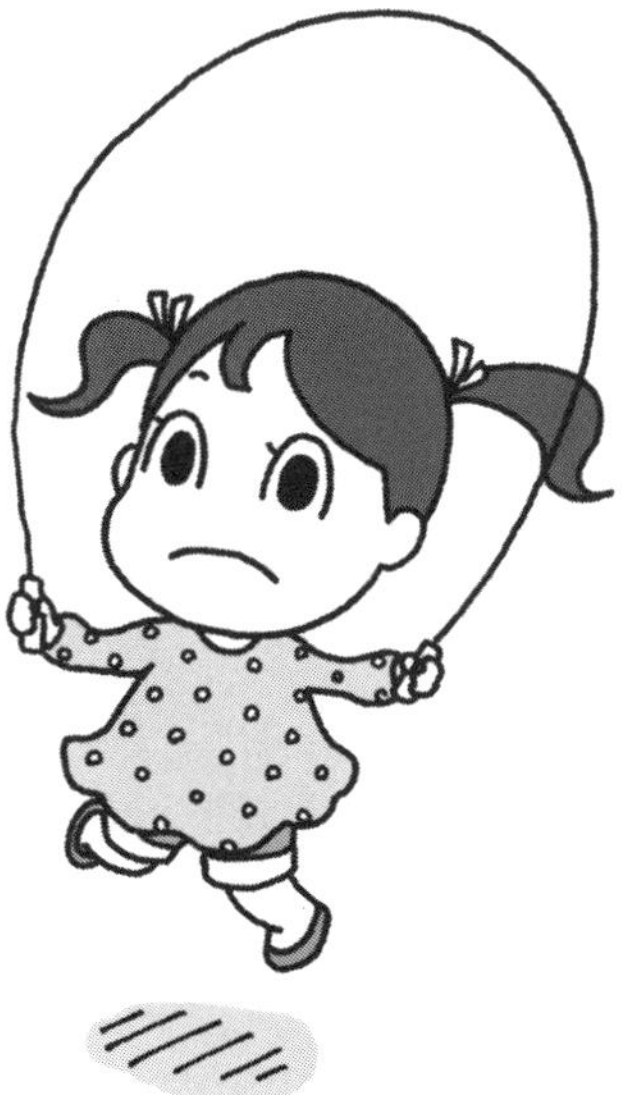

カズマが　リサが　なわとびが

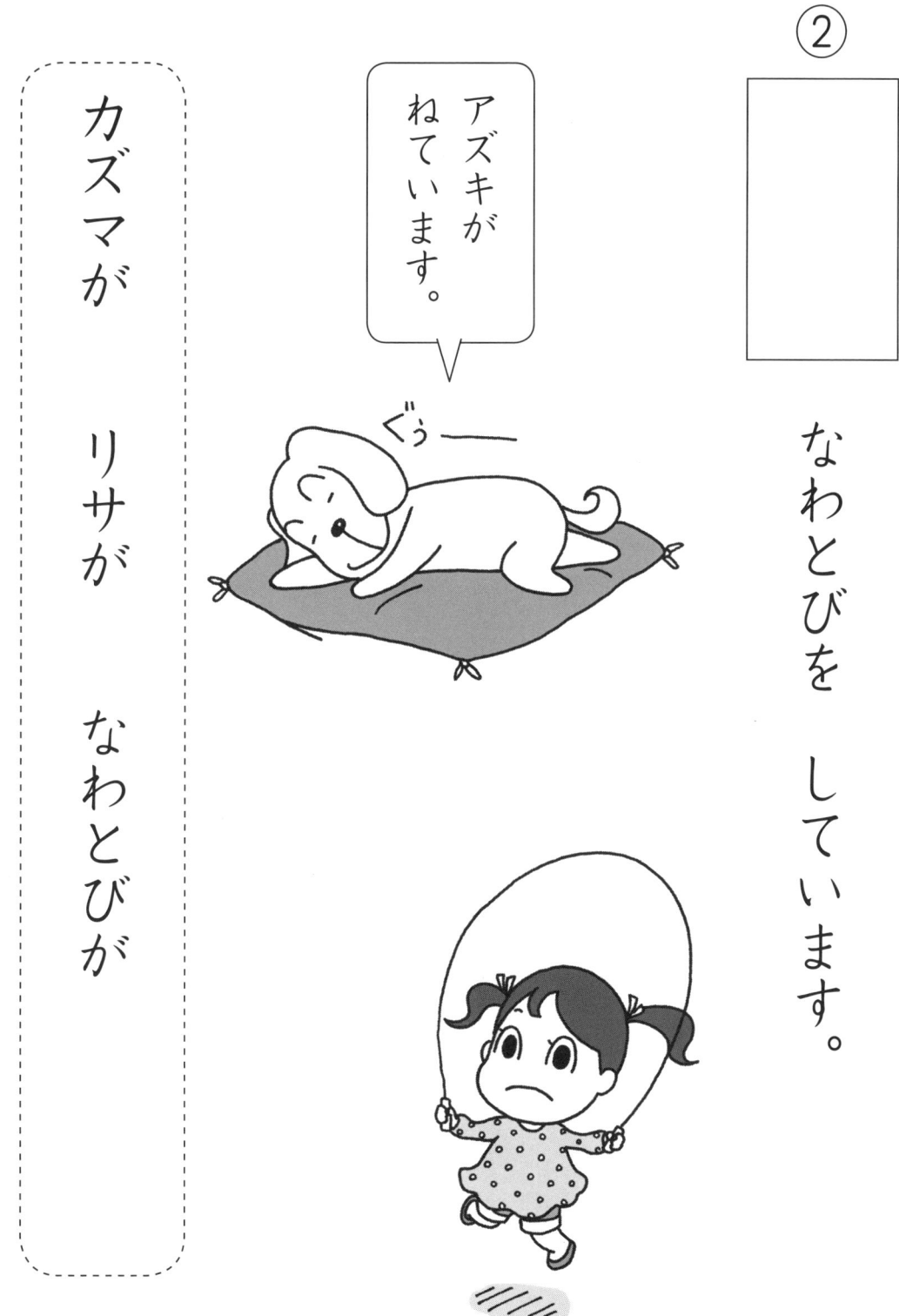

ステップ 1

⇓「だれ」「なに」の ことば（3）

だれが したのかな？

学しゅうした日　　月　　日

はんにんは だれ？ えを 見《み》て あとの 文《ぶん》の □ に 入《はい》る ことばを □ から えらんで かきましょう。

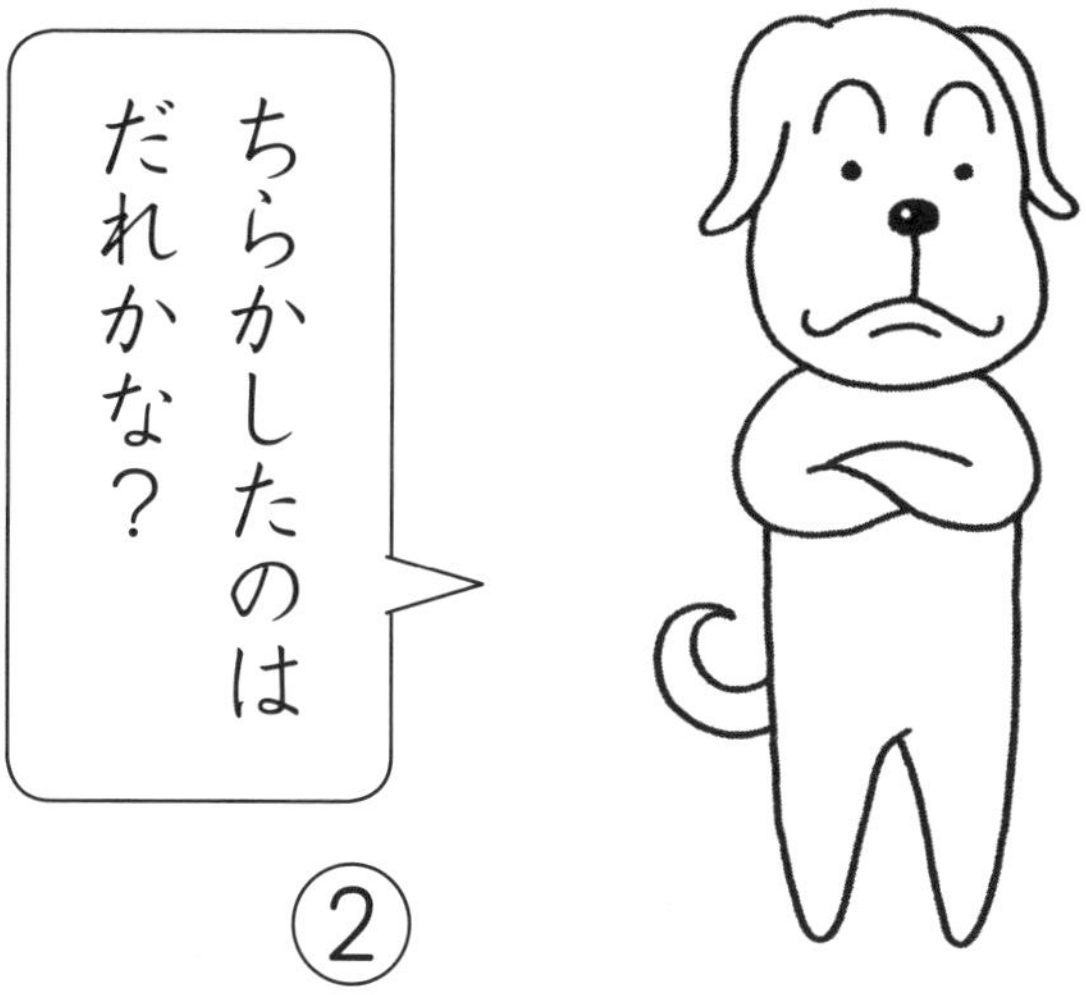

①

［　　］そうじを しました。

ほうきが　そうじが　リサが

②

［　　］ちらかしました。

リサが　カズマが　おちばが

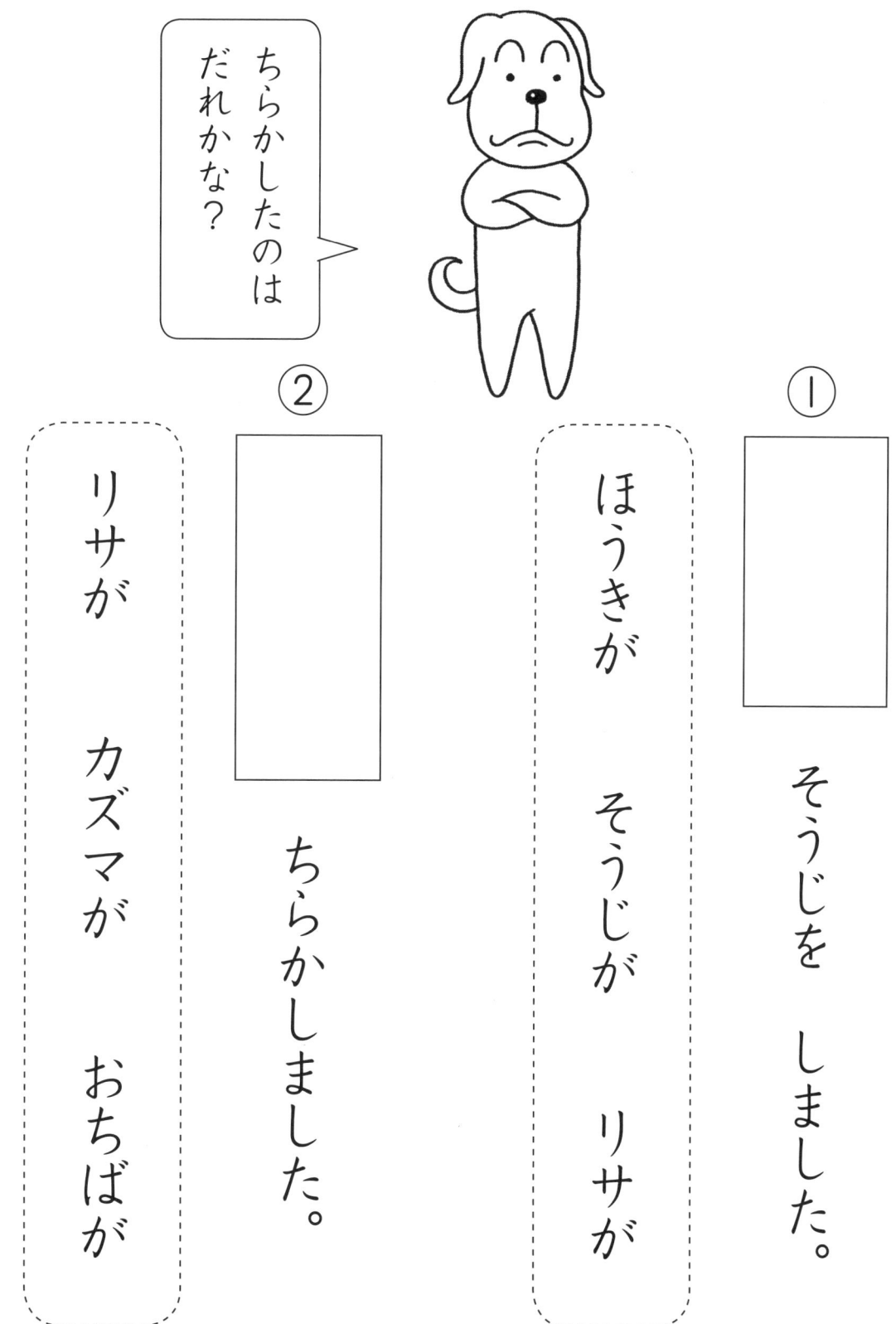

ステップ 1

なにが

⇓「だれ」「なに」の ことば（4）

学しゅうした日　月　日

□に あう ことばを ［　］から えらんで かきましょう。

① □ さきました。

リサが　花《はな》が　水《みず》が

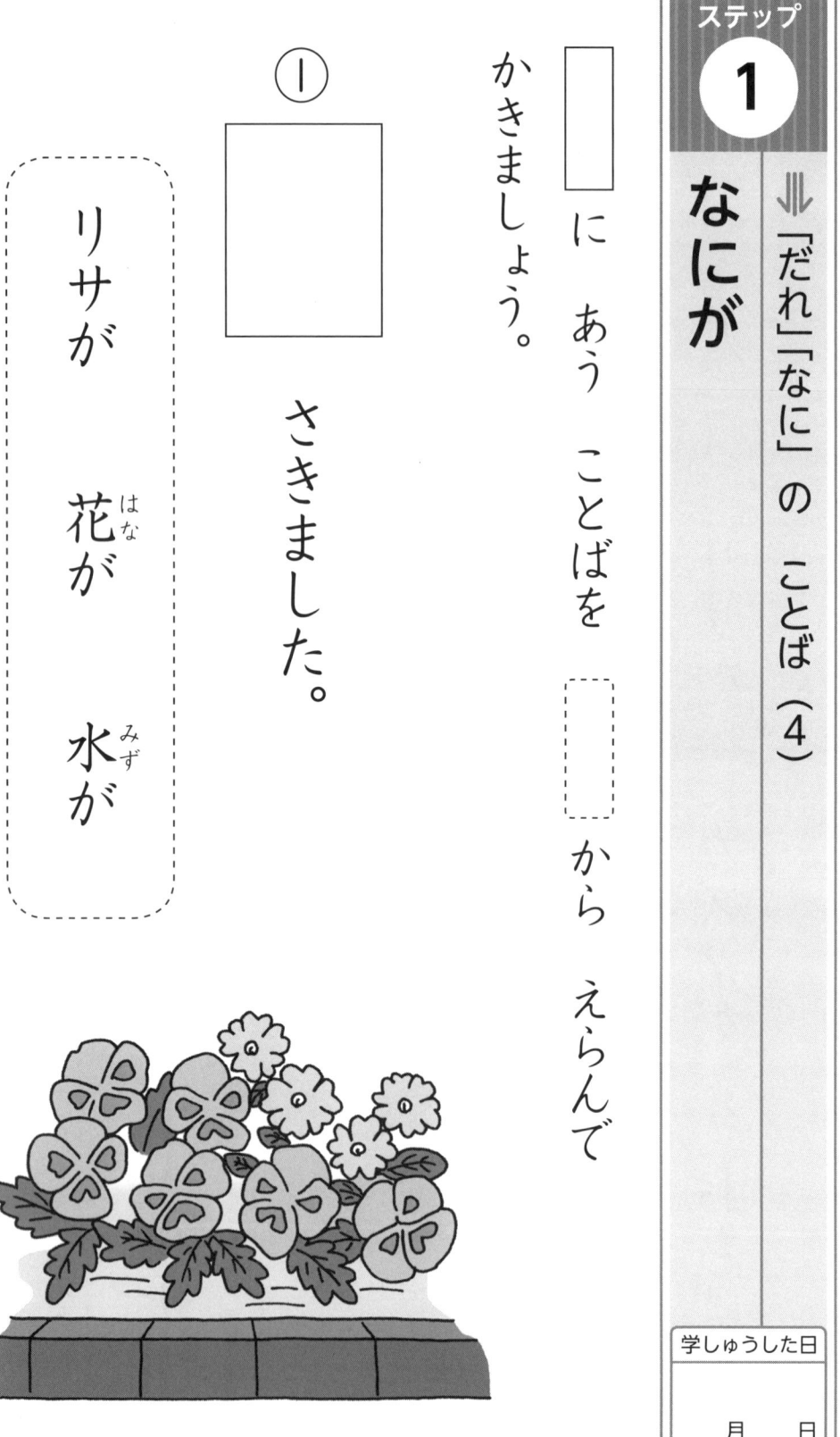

②

［　　　　］みつを　すっています。

リサが　花《はな》が　はちが

ステップ 1

「だれ」「なに」の ことば ⑸

だれが どうした？

学しゅうした日

月　日

つぎの 文《ぶん》を よんで、左《ひだり》の ページの もんだいに こたえましょう。

ぼくが おきると、
リサが むかえに きていました。
アズキは 「また ちこくだ」と
あきれた かおで 見《み》ています。

①ぼくを　むかえに　きたのは　だれですか？

□に　○を　かきましょう。

□ぼく　□リサ　□アズキ

②あきれた　かおを　したのは　だれですか？

□に　○を　かきましょう。

□ぼく　□リサ　□アズキ

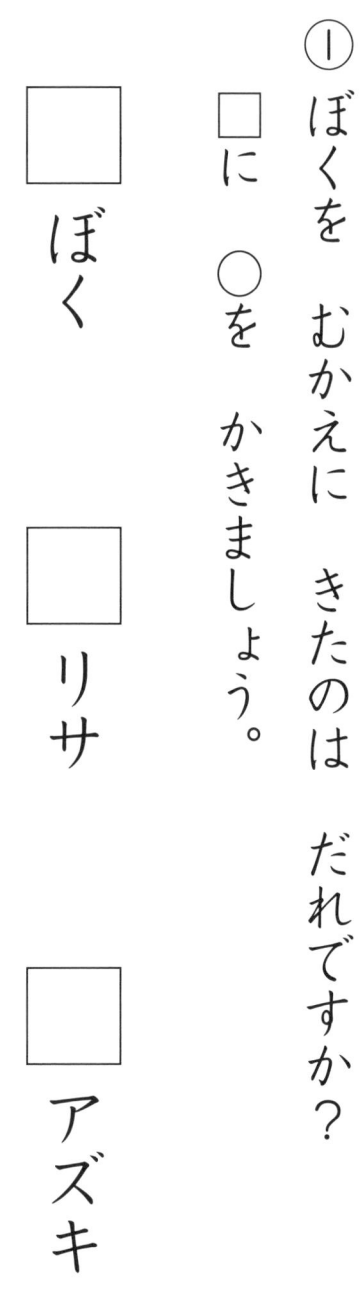

ステップ 2

どうした（1）

⇓「どうした」「どんなだ」（1）

学しゅうした日　月　日

えを見《み》て、下《した》の□に あう ことばを
[ ] から えらんで かきましょう。

①

バスが □。

②

バスに □。

きた　のる

③

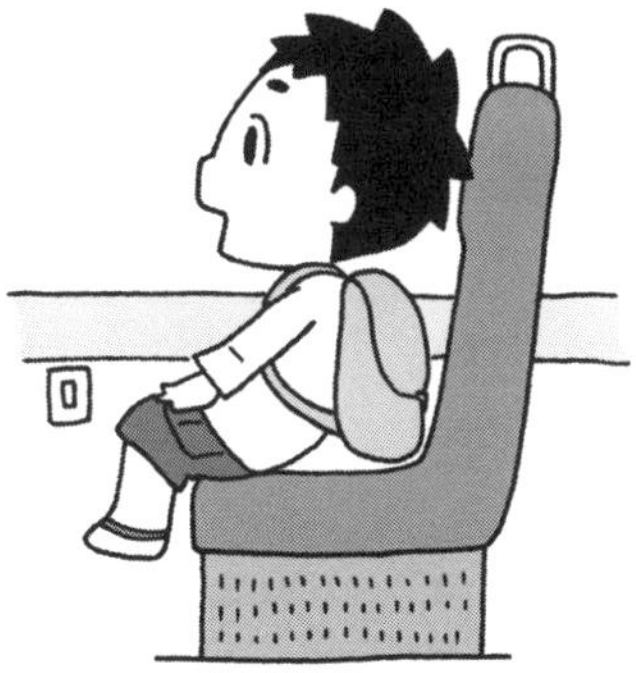

いすに

［　　　］。

④

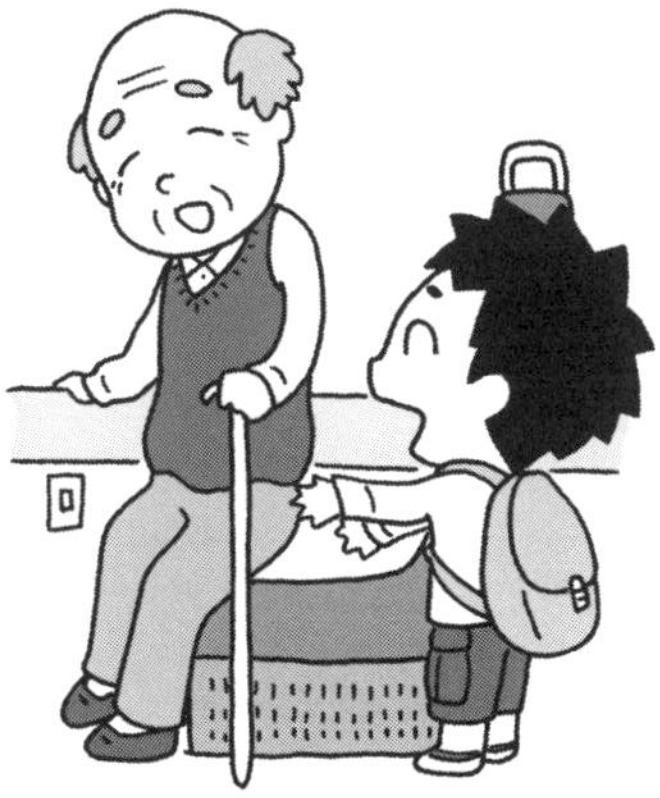

いすを

［　　　］。

すわる　ゆずる

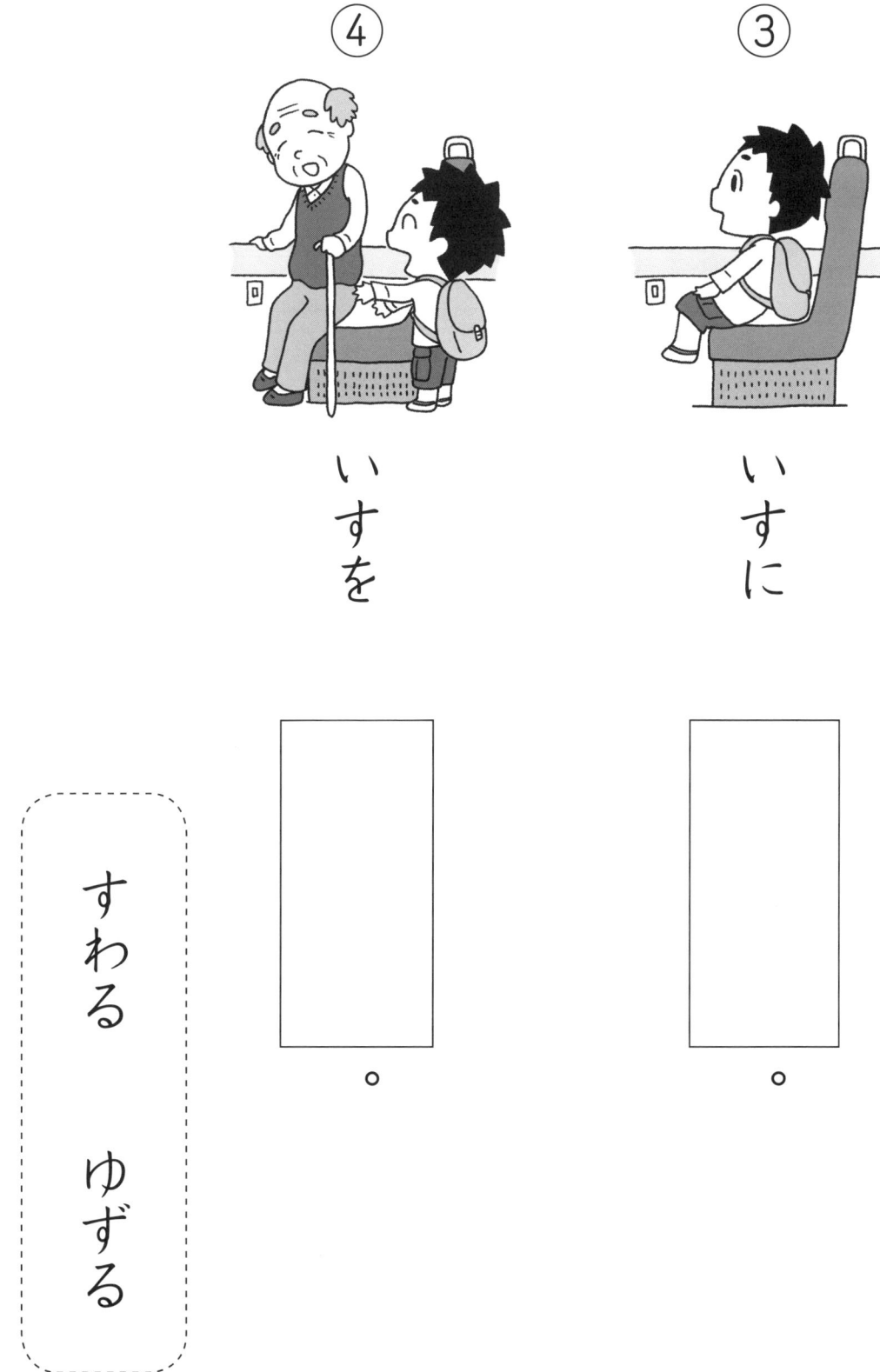

ステップ 2

「どうした」「どんなだ」（2）

どうした（2）～民話《みんわ》おおきなかぶ～

学しゅうした日　月　日

かぶは　どんな　ようすかな？（　）に　あう
ことばを　えらんで　□に　○を　かきましょう。

① おおきな　かぶが（　　）。

□ ひっぱりました

□ たべました

□ できました

② おばあさんが（　　　）。

□ てつだいます

□ たべました

□ できました

ステップ 2

「どうした」「どんなだ」（3）

どうした（3）～民話《みんわ》おおきなかぶ～

学しゅうした日　　月　　日

かぶは　どんな　ようすかな？（　　）に　あう　ことばを　えらんで　□に　○を　かきましょう。

① こどもが（　　　　）。

□ ひっぱりました

□ やってきました

□ かえりました

② みんなで　ひっぱったら（　　　　　）。

□ ひっぱりました

□ きました

□ ぬけました

ステップ 2

どんなだ

「どうした」「どんなだ」(4)

学しゅうした日
月　日

お手本《てほん》の　ように、ようすを　あらわす　ことばを
○で　かこみましょう。

お手本《てほん》　アズキは　かわいい。

① カズマの　いえに　すんでいる。

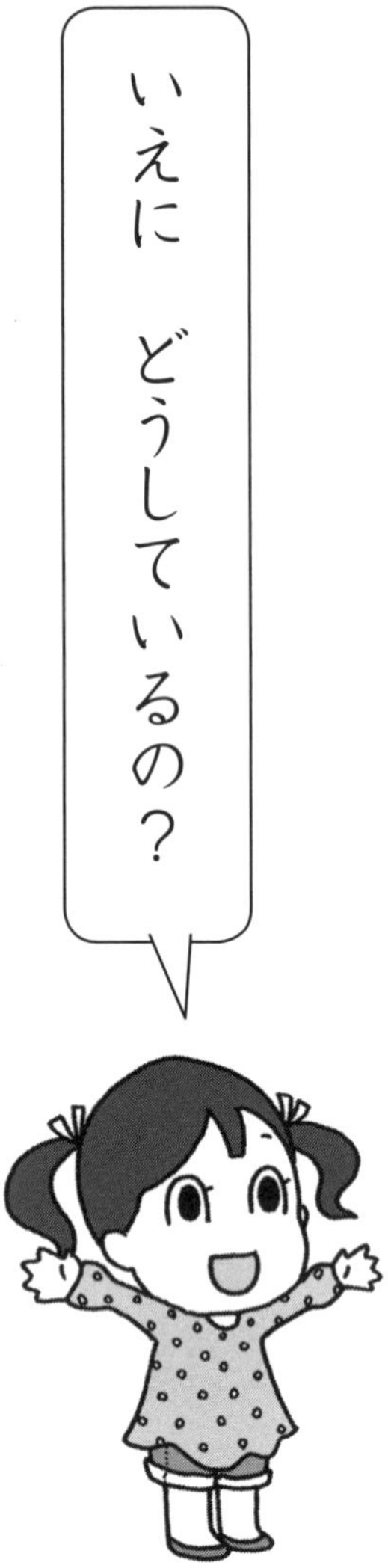

②
アズキは　さんぽが　すき。
さんぽみちの　へいは　たかい。

「さんぽ」が　どうなの？
「へい」は　どんな　かんじ？
ようすを　あらわす
ことばは　どれかな？

ステップ

2

「どうした」「どんなだ」(5)

えにっきを　かこう

学しゅうした日
月　日

えに　あう　ことばを　[　　]　から　えらんで
（　　　）に　かきましょう。

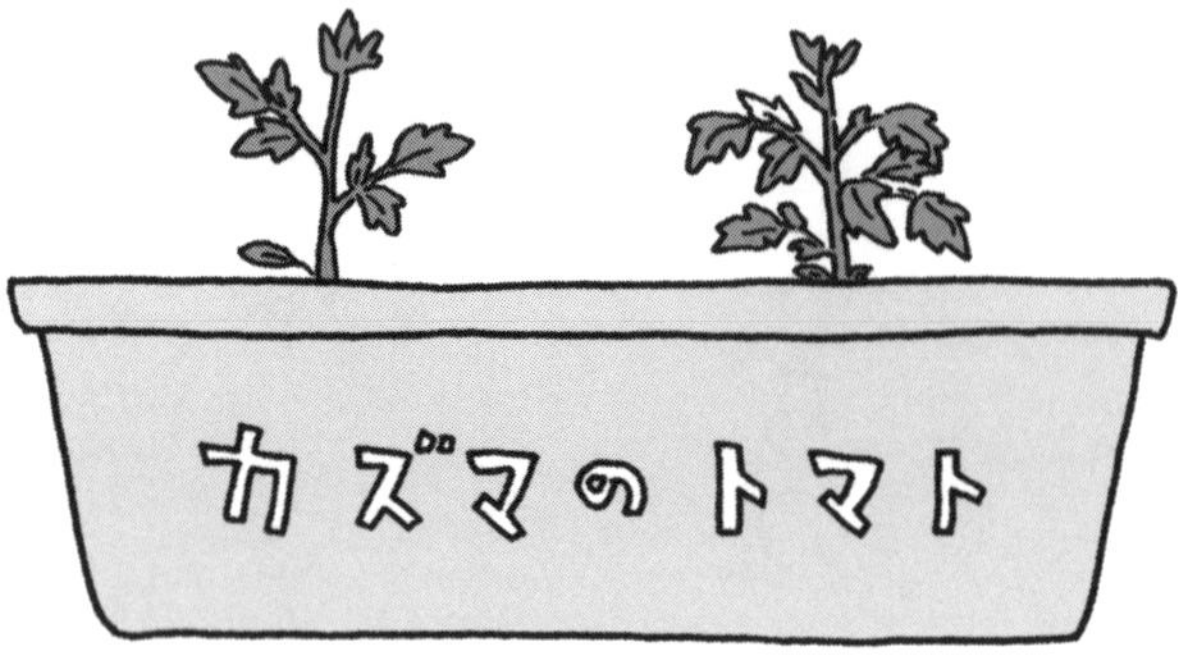

（　　　　　　）
ミニトマトの　なえを
（　　　　　　）。

カズマが　うえた

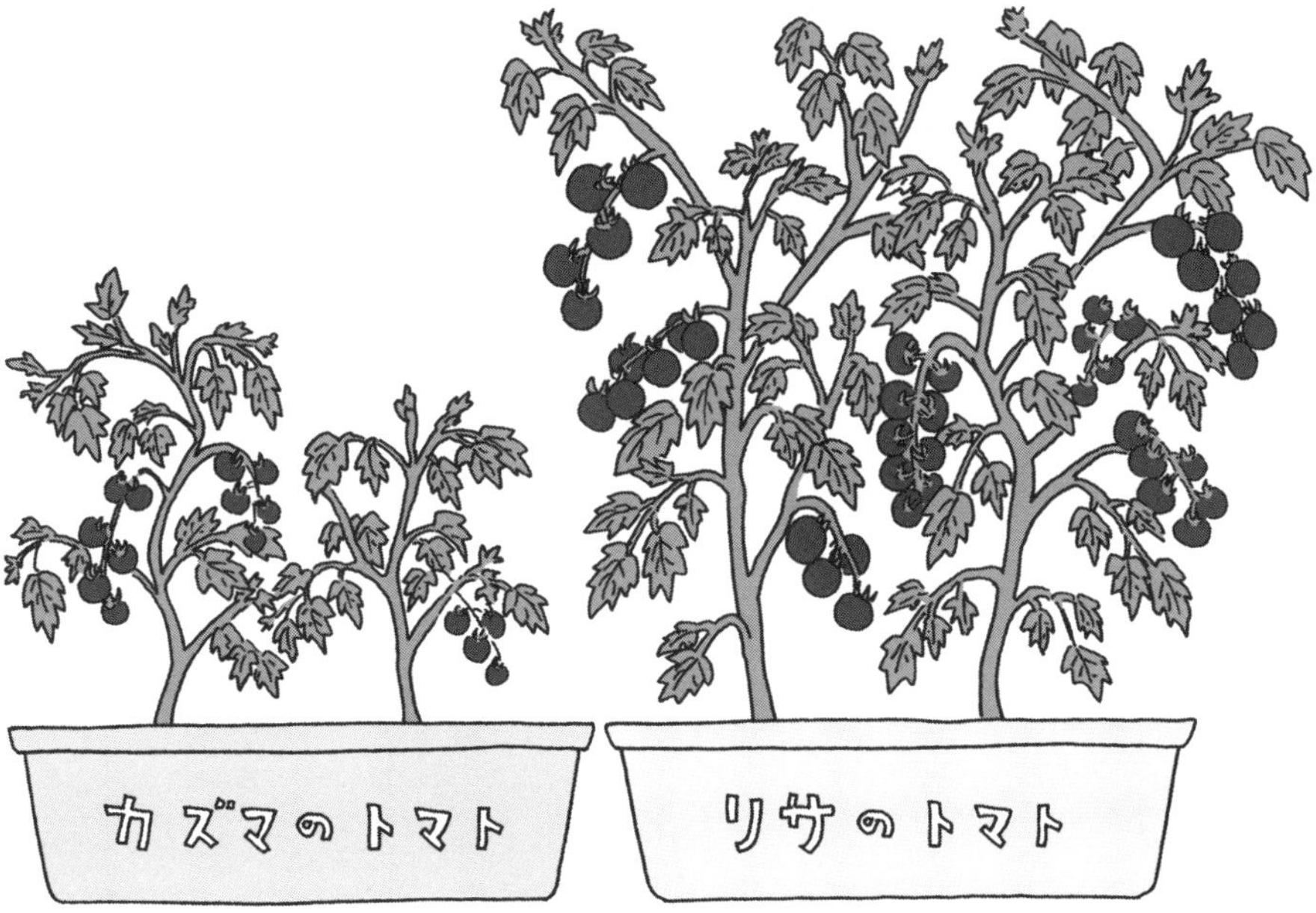

（　　　　）できた。

リサの

ミニトマトの　ほうが

（　　　　）。

みが

おおきい

ステップ 3

くわしくする ことば（1）

どんな こうじょう？

学しゅうした日　月　日

こうじょうを 見《み》に いきました。文《ぶん》を よみましょう。

しかくい えんとつが ありました。

そとに コンテナが たくさん ありました。

カズマと　リサの　はなしに　あう　えは　どれかな？

□に　○を　かきましょう。

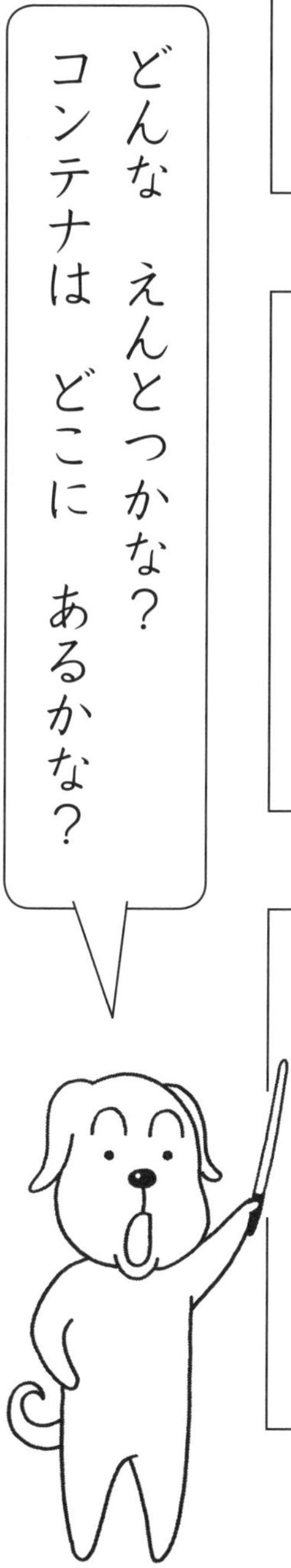

〈〈〈 答えは「別冊」の 12ページに！

ステップ 3

⇓くわしくする ことば (2)

どこに いくの?

学しゅうした日 月 日

リサが おつかいを たのまれました。

□に あう ことばを かいて、正《ただ》しい えの □に ○を かきましょう。

① とりにくを かいに □ へ いくよ。

とうふや

さかなや

にくや

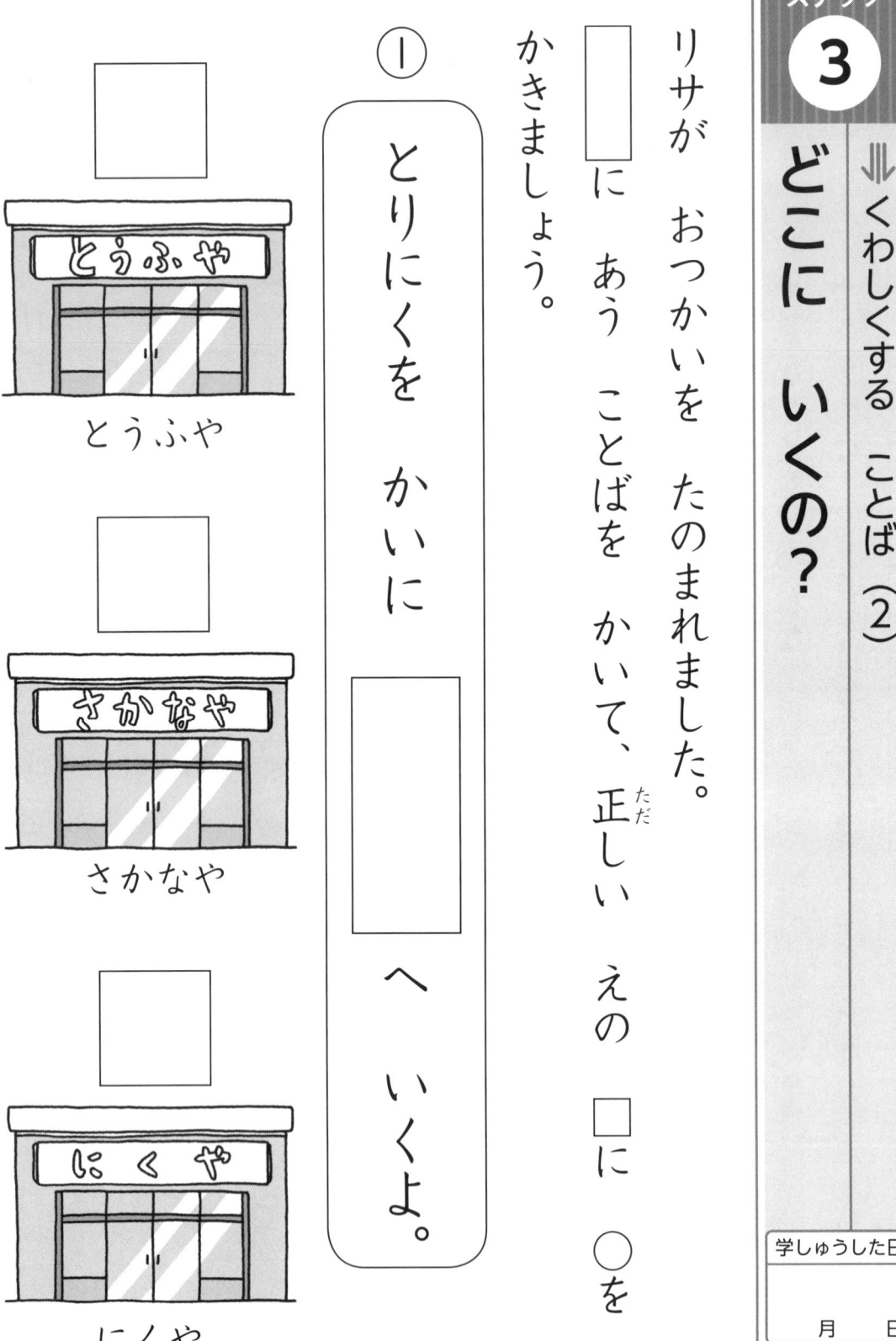

②

ももを　とどけに

と　リサが、

へ

いきます。

ステップ 3

くわしくする ことば (3)

なにを しているの？

学しゅうした日
月 日

どうぶつえんで みた ことを メモしたよ。

おっぱい
いわ
すわっている
あげている

右《みぎ》の　メモの　ことばを　つかって、
えに　あうように　文《ぶん》に　しましょう。

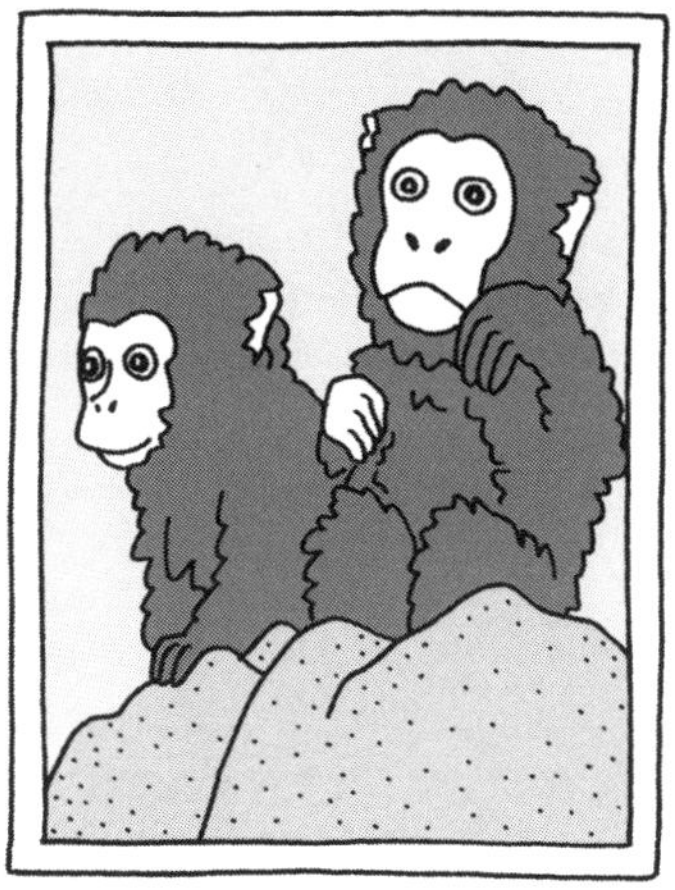

①

［　　］に
［　　］。

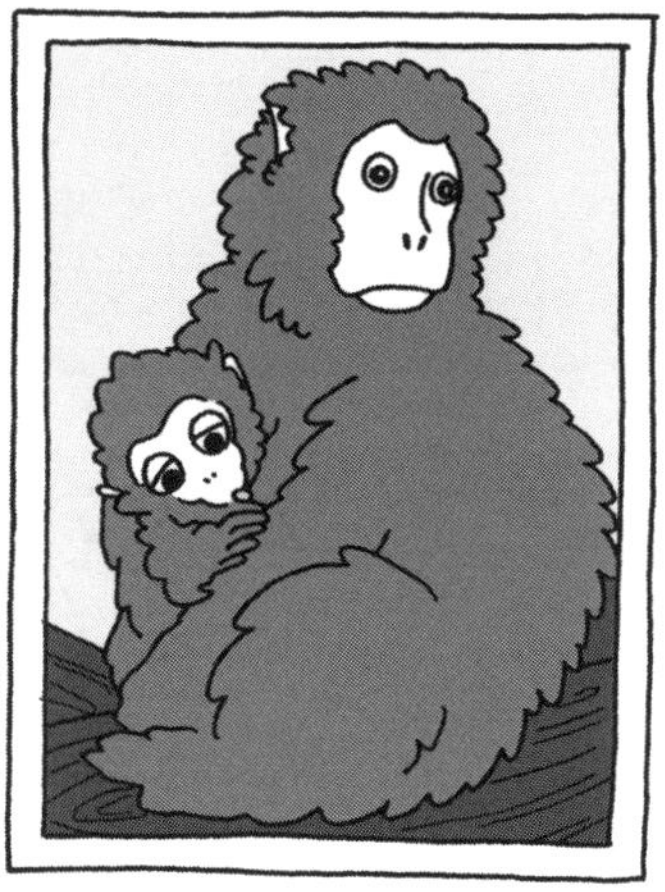

②

［　　］を
［　　］。

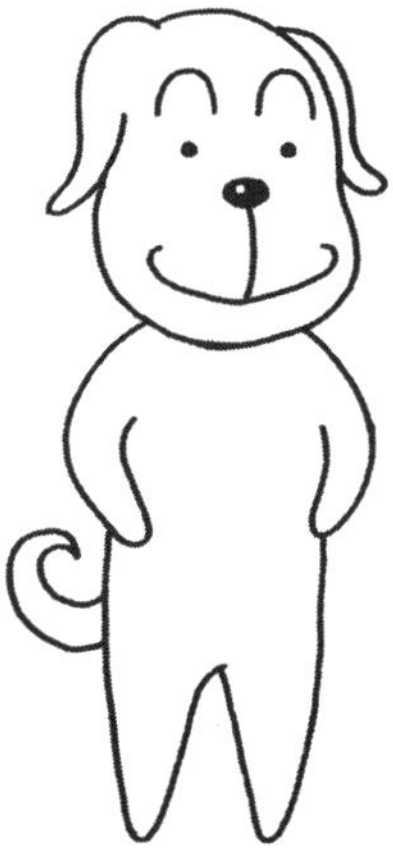

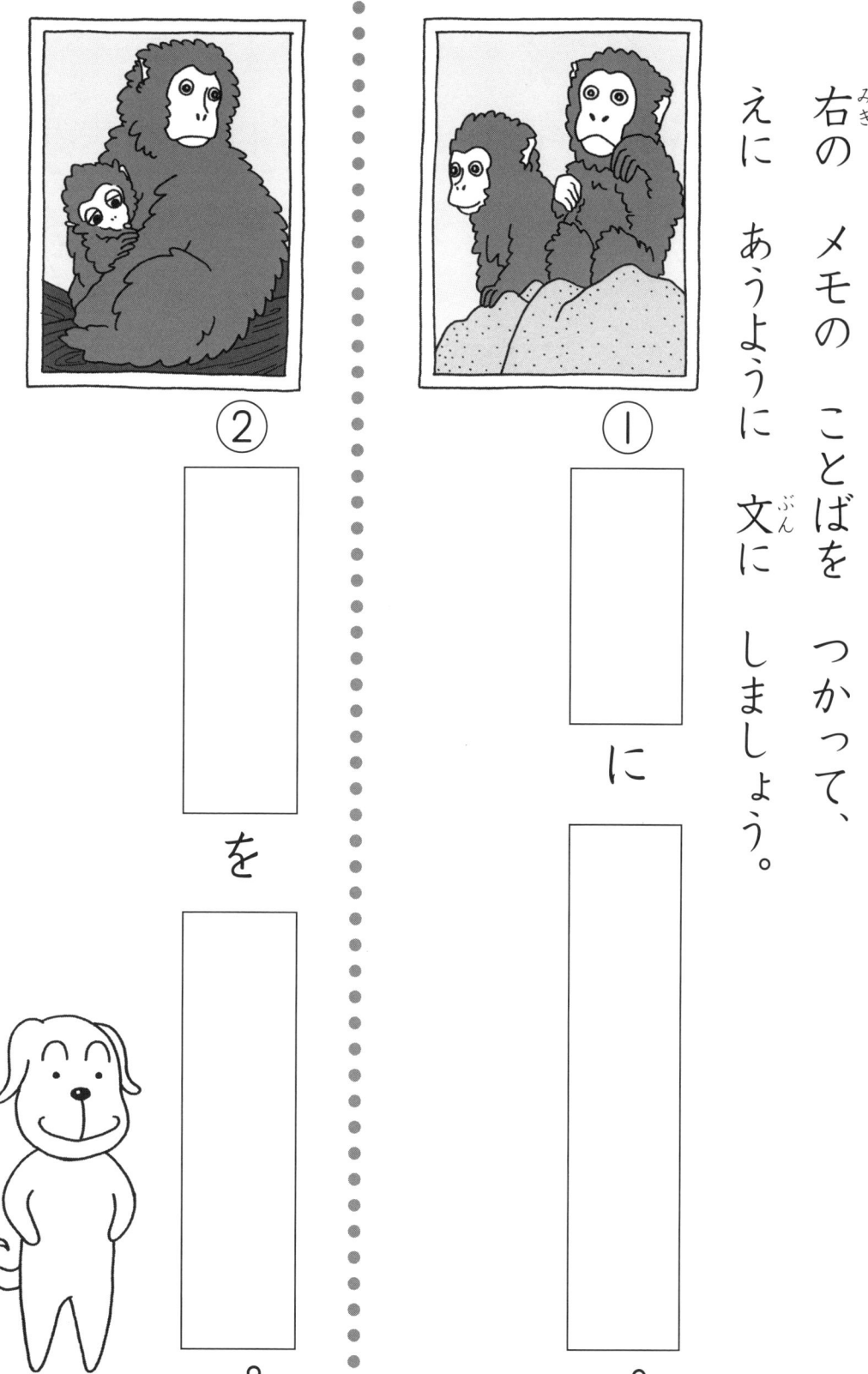

ステップ 3

どんな　おさいふ？

くわしくする　ことば（4）

学しゅうした日
月　日

カズマが　おさいふを　おとしたよ。

こうばんに　いったら　おさいふが　いっぱい！

おさいふの ようすを よんで、あてはまる おさいふを
右《みぎ》の えから さがして ◯で かこみましょう。

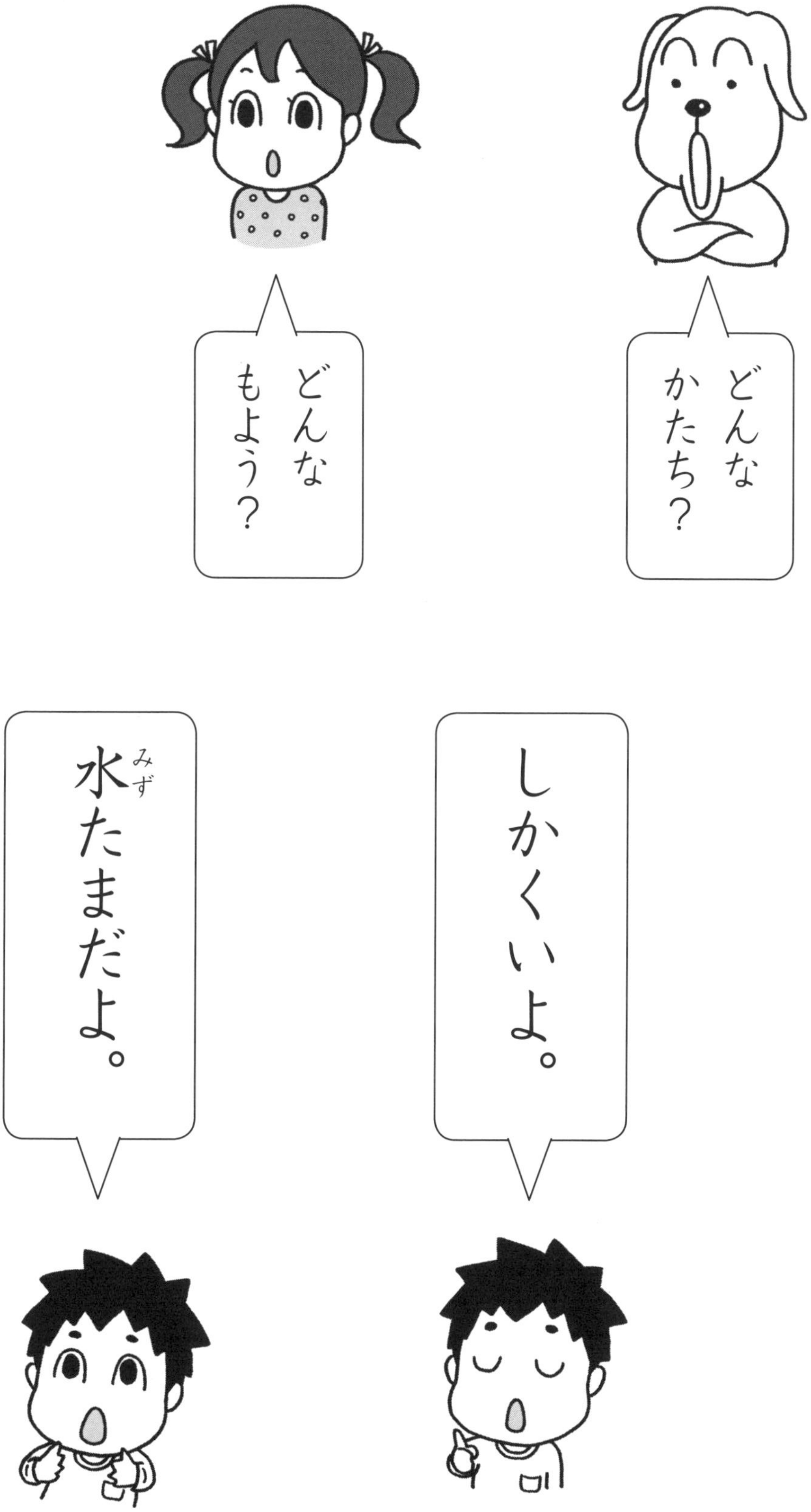
どんな
かたち？
どんな
もよう？
しかくいよ。
水《みず》たまだよ。

〈〈〈 答えは「別冊」の 15ページに！

ステップ 3

くわしくする ことば (5)

せつめいしよう

学しゅうした日
月 日

つぎの えを 見《み》て、左《ひだり》の ページの もんだいに こたえましょう。

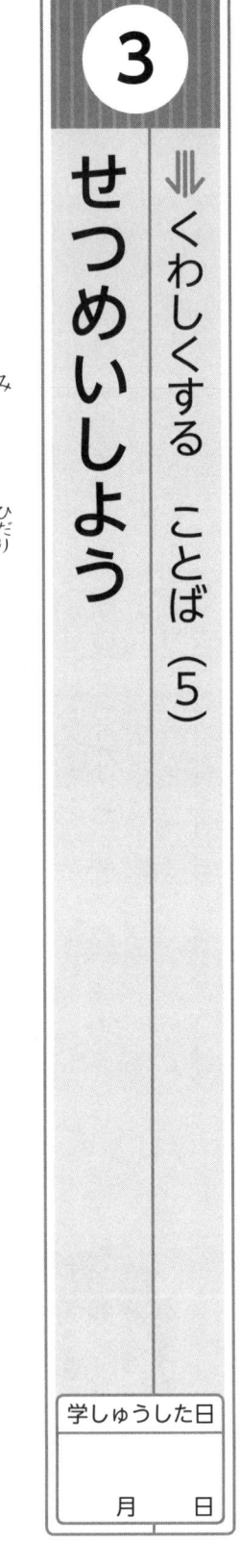

ぬけている　ところに　ことばを　かいて
文《ぶん》を　かんせいさせましょう。
ぬけている　ことばは　下《した》から　えらびましょう。

大《おお》きい　くじらと
（　　　）くじらが
（　　　）で　およいでいる。
二《に》とうは、（　　　）。

うみ
小《ちい》さい
おや子《こ》だ

〈〈〈 答えは「別冊」の 16 ページに！

ステップ 4

じゅんばんを　かんがえよう（1）

文《ぶん》に　しよう

学しゅうした日　　月　　日

1 えに　あうように、①から　③の　きごうを　かいて　文《ぶん》を　かんせいさせましょう。

（　　）にくを　くわえて

（　　）（　　）。

①わたっています
②犬《いぬ》が　③はしを

2 えに　あうように、①から　③の　きごうを　かいて
文《ぶん》を　かんせいさせましょう。

下《した》を　見《み》ると
（　　）（　　）（　　）
いました。

①くわえた　②犬《いぬ》が　③にくを

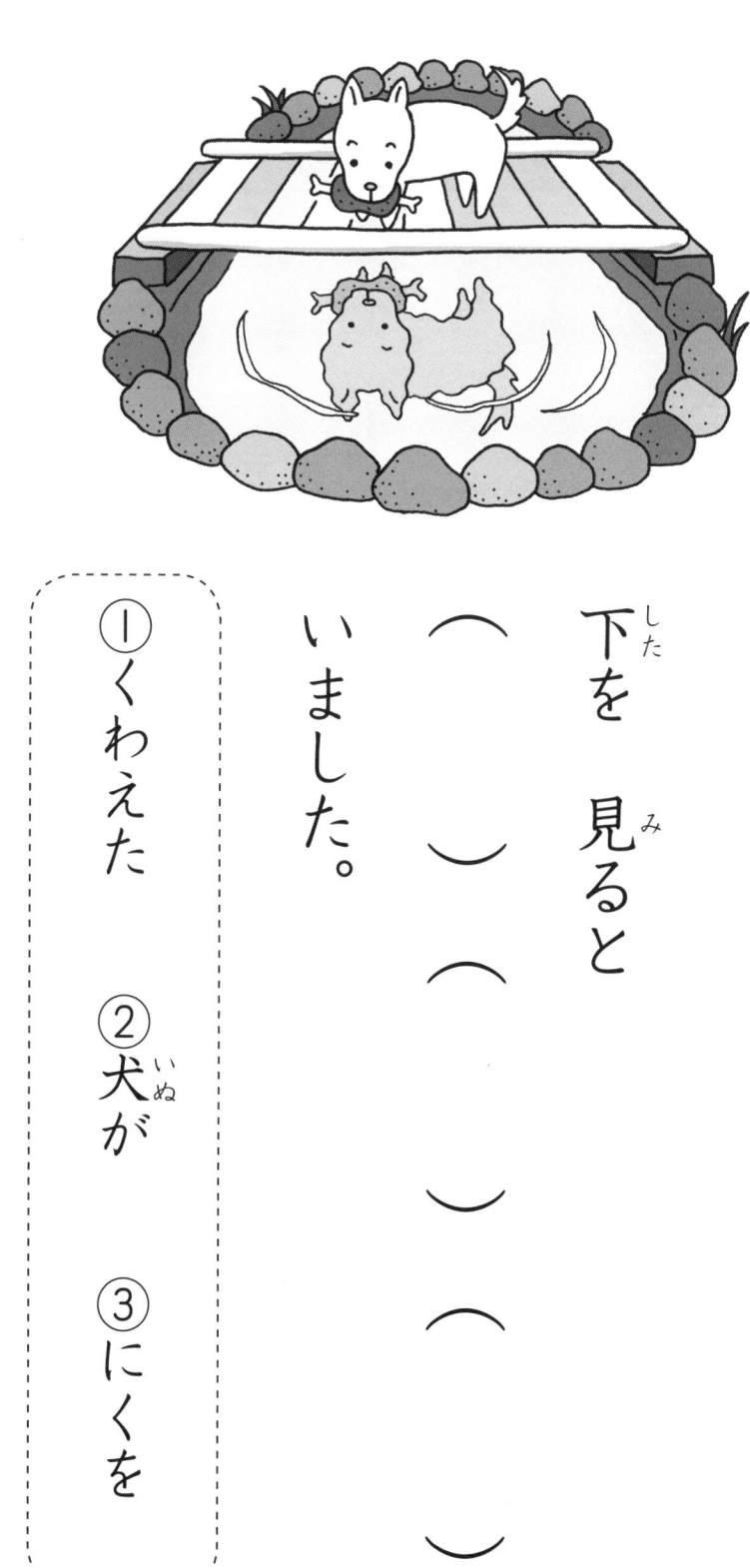

ステップ 4

おはなしづくり（1）

じゅんばんを かんがえよう（2）

学しゅうした日　　月　　日

えに あう 文《ぶん》を えらび、
□に えの すう字《じ》を かきましょう。

1

2

□ 犬《いぬ》は 「わん。」と、
ほえました。

□ にくは いけに おちて
しまいました。

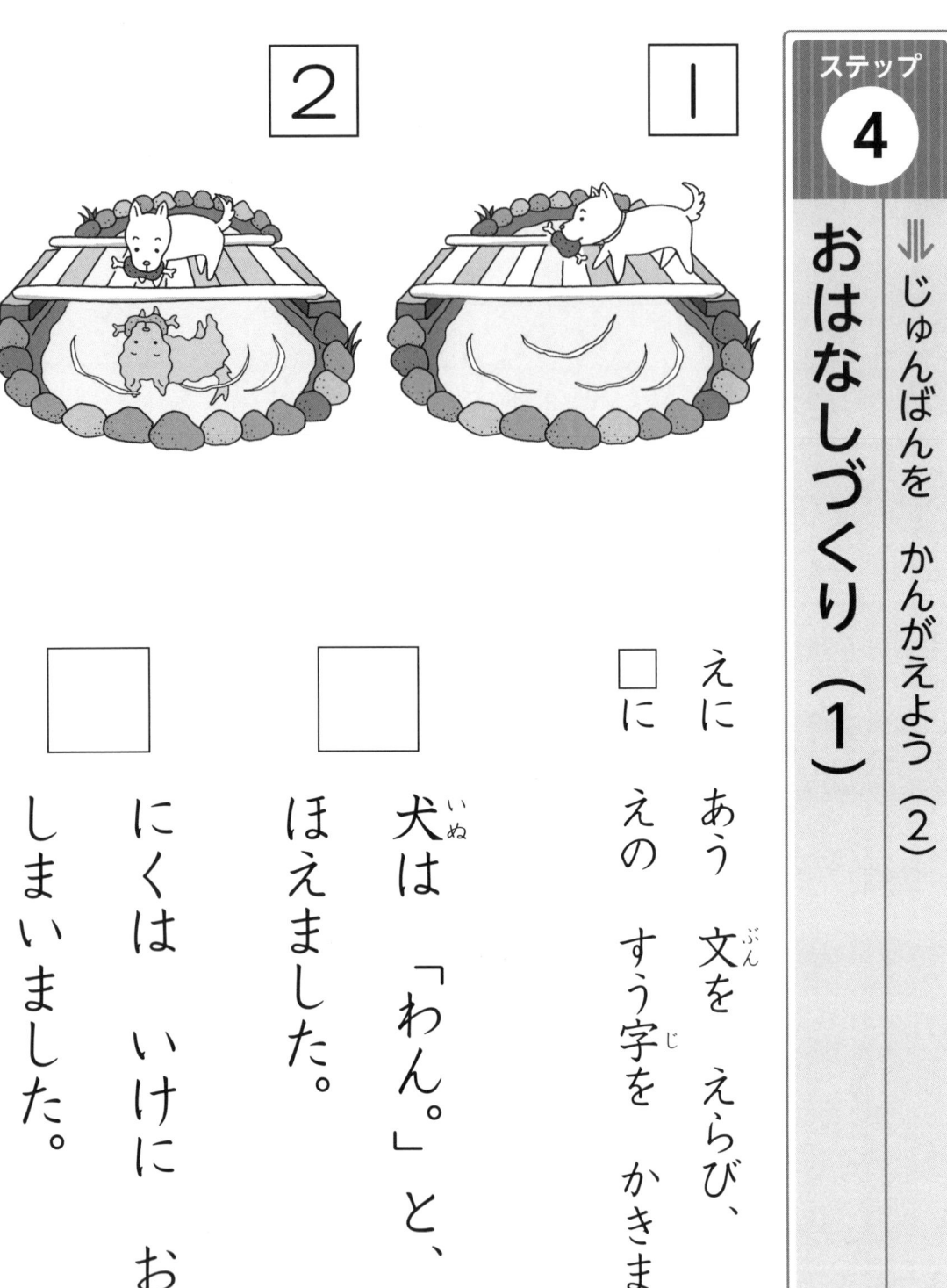

3

4

□

犬《いぬ》が　にくを
くわえて　はしを
わたって　います。

□

下《した》を　見《み》ると
にくを　くわえた
犬《いぬ》が　いました。

ステップ 4

じゅんばんを かんがえよう（3）

おはなしづくり（2）

学しゅうした日

月　日

おはなしを じゅんばんに よみましょう。

1 犬《いぬ》が にくを くわえて はしを わたって います。

2 下《した》を 見《み》ると にくを くわえた 犬《いぬ》が いました。

3 犬《いぬ》は 「わん。」と、ほえました。

4 にくは いけに おちて しまいました。

えに　あう　おはなしは　どれかな？
□に　おはなしと　おなじ　すう字《じ》を　かきましょう。

□

□

□

□

ステップ
4

どんな じゅんばん？

⇓じゅんばんを かんがえよう（4）

学しゅうした日
月 日

せつめい文《ぶん》を よんで もんだいに こたえましょう。

せつめい文《ぶん》

カズマは サッカーの しあいで 2かい シュートして 1かいめは ゴールできました。2かいめは ゴールできませんでした。しあいは、カズマの チームが かちました。

つぎの　文《ぶん》を　せつめい文《ぶん》に　あうように　じゅんに　ならべます。
□に　1から　3までの　すう字《じ》を　かきましょう。

□ カズマは　しあいに　かちました。

□ カズマは　シュートして　ゴールできませんでした。

□ カズマは　シュートして　ゴールできました。

〈〈〈 答えは「別冊」の 20 ページに！

ステップ 4

車《くるま》は　なんだい？

じゅんばんを　かんがえよう（5）

学しゅうした日
月　日

つぎの　えを　見《み》て、左《ひだり》の　ページの　もんだいに　こたえましょう。

ちゅう車《しゃ》じょうに　車《くるま》が
9だい　とまっていました。

まず、2だいの　車《くるま》が
でていきました。

そのあと、3だいの　車《くるま》が
はいってきました。

すると、ちゅう車《しゃ》じょうは
車《くるま》で　いっぱいに　なりました。

①「まず、2だいの　車《くるま》が　でて」いったとき、
車《くるま》は　なんだいに　なったでしょう。
これを　ひきざんに　してみましょう。
□に　あてはまる　数《かず》を　こたえましょう。

しき　9　－　□　＝　□

こたえ　□　だい

②「そのあと、3だいの　車《くるま》が　はいって」きたとき、
車《くるま》は　なんだいに　なったでしょう。
□に　あてはまる　数《かず》を　こたえましょう。

しき　[7]　＋　□　＝　□

こたえ　□　だい

③「すると、ちゅう車《しゃ》じょうは　車《くるま》で
いっぱいに　なりました。」
このとき、なんだいの　車《くるま》が　とまっていたでしょう。

こたえ　□　だい

〈〈〈 答えは「別冊」の21ページに！

ステップ 5

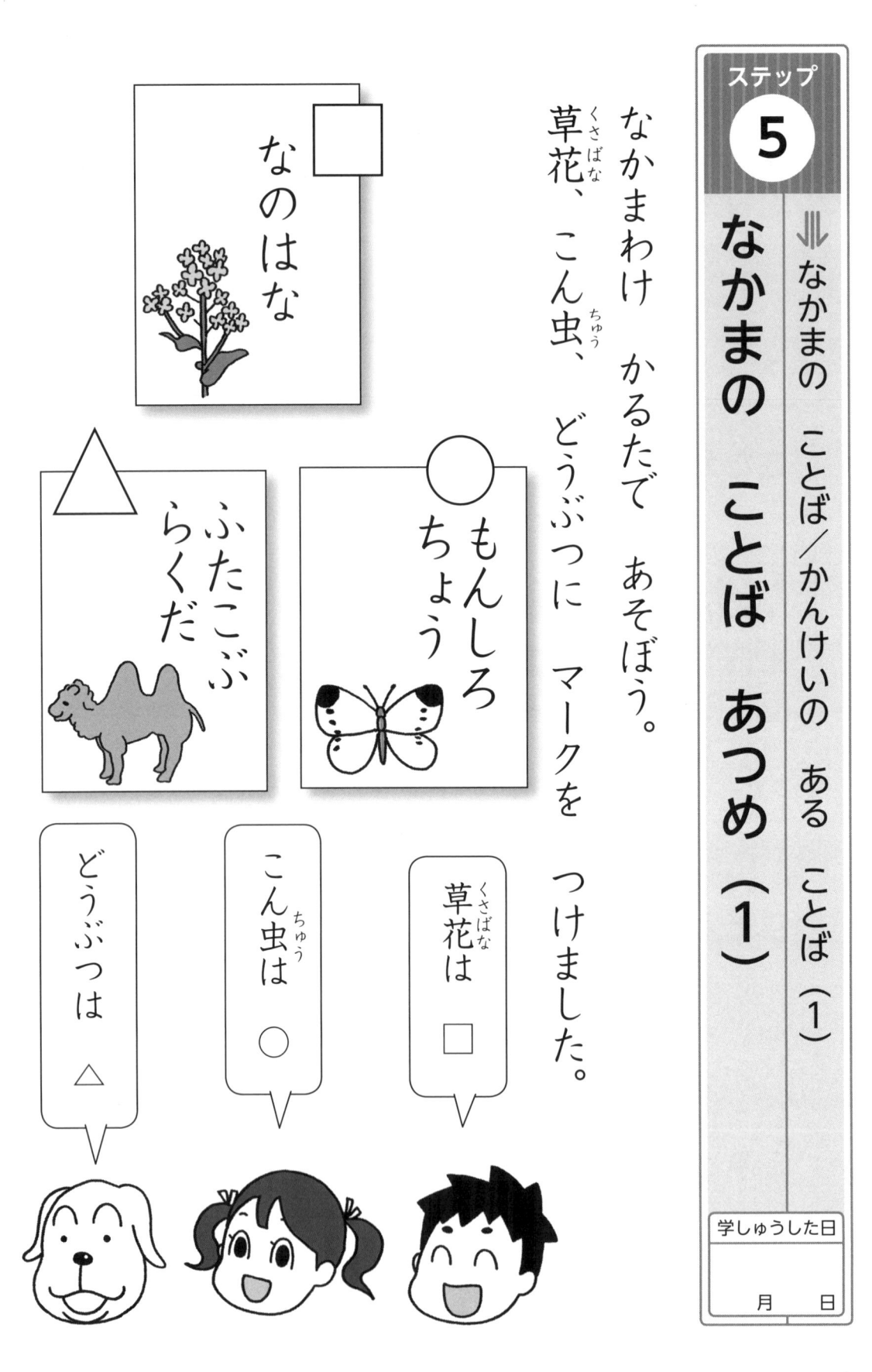

なかまの ことば あつめ（1）

⇊なかまの ことば／かんけいの ある ことば（1）

学しゅうした日 月 日

なかまわけ かるたで あそぼう。
草花《くさばな》、こん虫《ちゅう》、どうぶつに マークを つけました。

□ なのはな

○ もんしろちょう

△ ふたこぶらくだ

草花《くさばな》は □

こん虫《ちゅう》は ○

どうぶつは △

右《みぎ》の ページの なかまわけに ならって
それぞれの かるたに マークを かきましょう。

ジャイアント
パンダ

こがねむし

あみめ
きりん

おにやんま

しろつめくさ

あじさい

ステップ 5

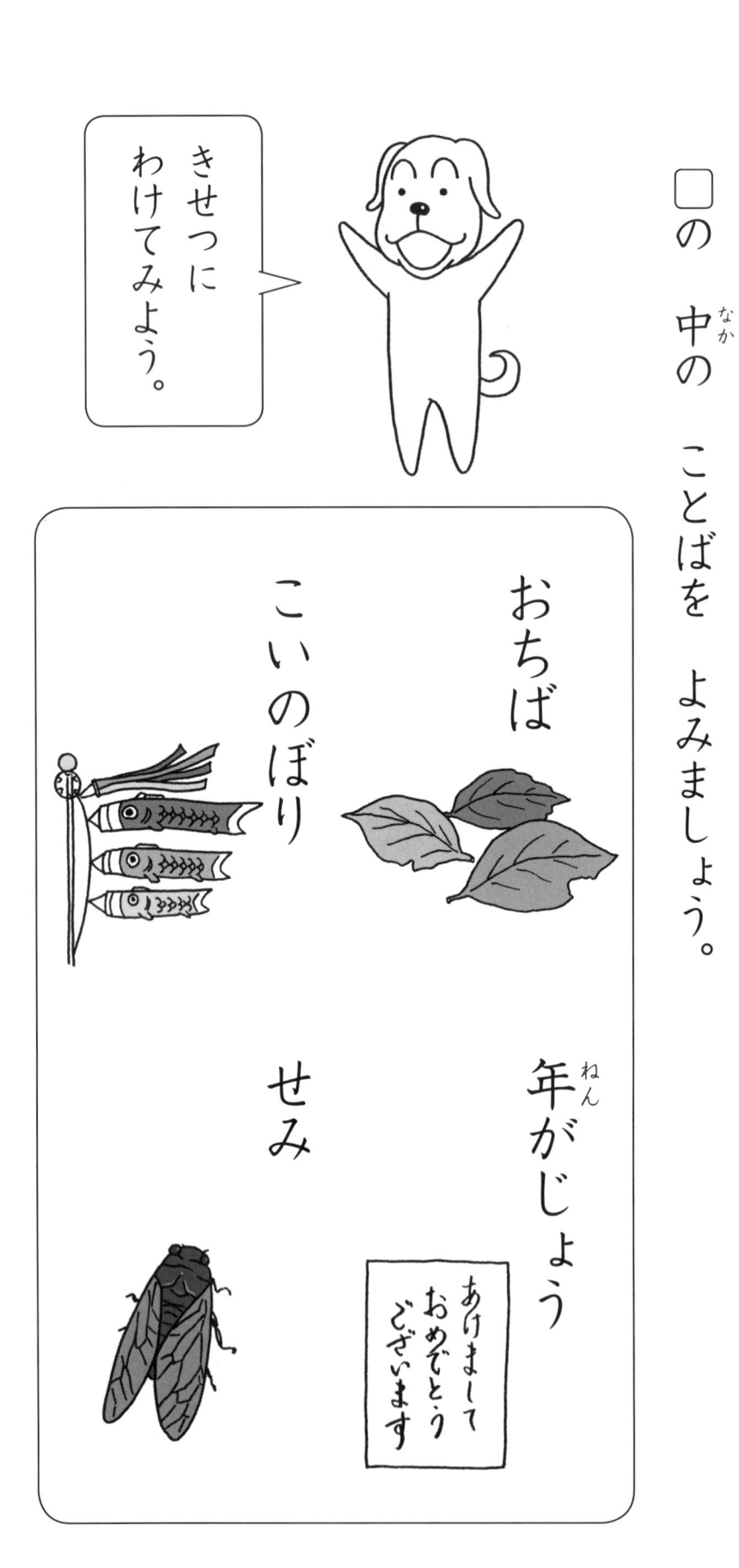

⇓なかまの ことば／かんけいの ある ことば（2）

なかまの ことば あつめ（2）

学しゅうした日 月 日

□の 中《なか》の ことばを よみましょう。

おちば

年《ねん》がじょう

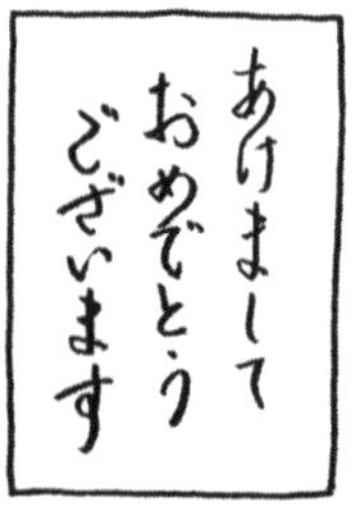

こいのぼり

せみ

右《みぎ》の　ページの　ことばを、なかまに　あてはまる　ところに　かきましょう。

①
ははの日《ひ》
たけのこ

②
うみの日《ひ》
かきごおり

③
ぶんかの日《ひ》
いもほり

④
お正月《しょうがつ》
みかん

ステップ 5

なかまの ことば／かんけいの ある ことば（3）

なかまに なる ことば（1）

学しゅうした日

月　日

上《うえ》の ことばに あう ものは どれですか？

★と ●を せんで つなぎましょう。

①

おはよう

★

● めざましどけい

● ぼうし

● かばん

②

おやすみなさい

★

●

雨《あめ》

●

たいよう

●

月《つき》

ステップ

5

⇓なかまの　ことば／かんけいの　ある　ことば（4）

なかまに　なる　ことば（2）

学しゅうした日

月　日

上《うえ》の　ことばに　あう　ものは　どれですか？

★と　●を　せんで　つなぎましょう。

①

ボール

★

● ガラガラ

● コロコロ

● ヒョコヒョコ

②

雨《あめ》

★

●ザアザア

●ガタガタ

●カチカチ

ステップ 5

⥥なかまの ことば／かんけいの ある ことば（5）

たしざんと ひきざんの ことば

学しゅうした日
月　日

1 下《した》の □ に あう ことばを [ ] から えらびます。ことばを ○で かこみましょう。

あわせる

すくない

シールを　３まい
もっています。
カズマの　３まいと
□ と、
６まいに　なります。

2 下《した》の □ に　あう　ことばを ［　］から　えらびます。ことばを　○で　かこみましょう。

もらう

あげる

シールを　６まい　もって　います。
アズキに　２まい
□ と、
４まいに　なります。

ステップ 6

⇓えを 見《み》て かんがえよう（1）

手《て》がみと あう えは どれ？

学しゅうした日

月　日

左《ひだり》の 手《て》がみを よんで、 あう えを さがしましょう。

□に ○を かきましょう。

きょうは、おひるごはんを
いっしょに たべてから あそぼう。
バスていの そばの、こうばんの
まえで まっててね。

〈〈〈 答えは「別冊」の 27 ページに！

ステップ 6

えを 見《み》て かんがえよう（2）

なぜ しかられたのかな？

学しゅうした日

月　日

つぎの えを 見《み》て、左《ひだり》の ページの もんだいに こたえましょう。

このあと、カズマは　けいびの　人《ひと》に　しかられました。
それは　なぜでしょう。正《ただ》しい　文《ぶん》に　○を　かきましょう。

□ カズマが　じてん車《しゃ》に　のるのが　へただから。

□ ひとりだけ　じてん車《しゃ》で　ずるいから。

□ まわりの　人《ひと》に　ぶつかって
けがを　させてしまうかも　しれないから。

ステップ 6

⇓えを 見《み》て かんがえよう（3）

正《ただ》しく せつめいできるかな？

学しゅうした日　　月　　日

つぎの えを 見《み》て、左《ひだり》の ページの もんだいに こたえましょう。

ティラノサウルスは、するどい
はを もち、たいちょうは、
8メートルから 12メートル
くらいでした。

右《みぎ》の 文《ぶん》と おなじ ことを いっているのは どちらかな？
□に ○を かきましょう。

①

□

ティラノサウルスの 8メートルから
12メートルの たいちょうは 赤《あか》です。

②

□

するどい はを もつ ティラノサウルスは、
8メートルから 12メートルくらいの
たいちょうです。

たいちょうとは、
からだの ながさ、
大《おお》きさの ことだよ。

ステップ 6

えを 見《み》て かんがえよう（4）

なんびきに なったかな？

学しゅうした日
月　日

つぎの えを 見《み》て、左《ひだり》の ページの もんだいに こたえましょう。

つぎの 文《ぶん》の □に ことばを 1字《じ》ずつ 入《い》れて、
えに あう 文《ぶん》を かんせいさせましょう。

□□が 4ひき います。

もう □ぴき きました。

□□□で □ひきに なりました。

ステップ 6

えを 見《み》て かんがえよう (5)

どんな しきに なるかな？

学しゅうした日

月　　日

リサの 花《か》だんと、カズマの 花《か》だんに、チューリップが さきました。

リサの 花《か》だん

カズマの 花《か》だん

①２人《ふたり》 あわせて なん本《ぼん》の チューリップが
さいたでしょう。
正《ただ》しい しきと こたえを ◯で かこみましょう。

しき　６＋４　　６－４

こたえ　１０本《ぽん》　　２本《ほん》

②リサの 花《か》だんと、カズマの 花《か》だんで さいた
チューリップは、どちらが なん本《ぼん》 おおいでしょう。
正《ただ》しい しきと こたえを せんで かこみましょう。

しき　６＋４　　６－４

こたえ　リサの 花《か》だんが ２本《ほん》 おおい。

カズマの 花《か》だんが ２本《ほん》 おおい。

出口汪（でぐち・ひろし）

1955年、東京都生まれ。30年以上にわたって受験生の熱い支持を受ける大学受験現代文の元祖カリスマ講師。全国の学校・塾で採用され、目覚ましい効果を挙げている言語トレーニングプログラム「論理エンジン」の開発者として、その解説と普及に努めている。

論理エンジン ▶ https://ronri.jp
出口汪オフィシャルサイト ▶ https://deguchi-hiroshi.com

▶STAFF◀

イラスト ◎ 設樂みな子
表紙デザイン ◎ 与儀勝美
構成協力 ◎ いしびききょうこ（ニコワークス）
編集協力 ◎ 高橋沙紀／葛原武史・和西智哉（カラビナ）
小倉宏一（ブックマーク）
石川享（タップハウス）
ファーマット作成 ◎ 武井千鶴・カラビナ
本文DTP ◎ タップハウス
編集 ◎ 堀井寧（小学館）

出口汪の日本語論理トレーニング 小学一年 基礎編

2012年11月25日 第1版第1刷発行
2024年10月6日 第11刷発行

著　者 ● 出口 汪
発行人 ● 北川 吉隆
発行所 ● 株式会社 小学館
〒101-8001 東京都千代田区一ツ橋2-3-1
電　話 ● 編集 (03)3230-5689
販売 (03)5281-3555
印刷所 ● 三晃印刷株式会社
製本所 ● 株式会社難波製本

ISBN978-4-09-837729-9

▶おわりに◀

小学一年生では、まだ本格的な論理は理解できません。まだ一つ一つ言葉を覚えていく段階です。

でも、最初の段階から、どのような言葉をどのような与え方をするのか、どのような順番でどのようなトレーニングをすれば頭のいい子どもになれるのか、それを計算し尽くして言葉を与えていけば、やがて一年後、二年後には、他の子どもと決定的な差が出ます。しかも、言葉の習得に関しては、個人差が大きいのです。たまたま言葉の習得が遅い子どもは、生涯にわたって不利な条件のもとに学習しなければならなくなります。

「論理エンジン」は小学一年生から大学受験、社会人教育に至るまで、一貫した方法で誰でもできる論理力習得のための言語プログラムです。

ゴールイメージを明確に持って、最初の一歩を踏み出すのですから、長年トレーニングを続ければ続けるほどその差は決定的なものとなります。

さらに、「論理力」はすべての教科の基礎です。算数や数学ができないのはその才能がないのではなく、国語力（特に論理力）の不足によるものです。「論理エンジン」は自然と算数や理科・社会、将来の英語の基礎力まで養成していきます。

小学一年生「基礎編」は、まだ論理の世界のほんの入り口。ここで立ち止まらずに、どんどんトレーニングを積んでいきましょう。

出《で》口《ぐち》 汪《ひろし》の日本語論理トレーニング 基礎編

論理エンジンJr.《ジュニア》 1年

答えとくわしい考え方

出口 汪＝著

小学館

論理エンジンJr.《ジュニア》 1年

答えと くわしい考え方

―― 答えとくわしい考え方の使い方 ――

・ここには本文の解答と、それに対するくわしい考え方が記されています。

・上段には本文ページを縮小したものが、淡いグレーで表示されています。その中で、解答だけが濃い黒で表示されています。

・下段には上段のページのくわしい考え方が記されています。

・論理エンジンは正解率を競う教材ではありません。言葉のとらえ方、考え方をトレーニングするためのものですので、正解した場合でも下段をよく読んでください。

・不正解の場合も、自信を失う必要はありません。下段の考え方を参考に、納得できるまで練習してください。

小学館

▶4～5ページの答え

ステップ 1

だれは

「だれ」「なに」の ことば（1）

学しゅうした日　月　日

つぎの □ に 入《はい》る ことばを □ から えらんで かきましょう。

ぼくは カズマです。

① カズマは 小学一年生《しょうがくいちねんせい》です。

小学一年生《しょうがくいちねんせい》は　カズマは

② リサは カズマの ともだちです。

カズマは　リサは

③ アズキは カズマと リサの ともだちです。

リサは　アズキは

4

1年 ステップ1 「だれ」「なに」の ことば

5 ＜＜＜ 答えは「別冊」の２ページに！

くわしい考え方

私たちは言葉を何となく使いがちです。ところが、「何となく」といった使い方をいくらし続けたところで、言葉で考える力を養成することはできません。

そこで、言葉を使い始めたころから、言葉を意識的に扱う訓練をしていきます。

文章は要点となる大切なものと、それを説明する部分とで成り立っています。一文においては、要点となるものはまず主語と述語です。

まず「主語」を意識しましょう。もちろん、主語となれる言葉となれない言葉とがあります。それを意識しましょう。

文法的には主語となる言葉を体言といい、それは名詞・代名詞しかありませんが、今の段階では文法的事項を意識する必要はありません。実際、小学高学年になったときに、自分が知らず知らず学習したことが、いかに正確に文法の規則に従っていたかを実感できることでしょう。

まず文を読むとき、「だれは」を意識しましょう。「○○は～です。」というのが、文の基本的です。

「カズマは男の子です」「猫はかわいいです」など、いろいろな例を考えるといいですね。その時、主語になれる言葉とそうでない言葉とがあることを教えてください。「ですは～。」「かわいいは～。」ということはできません。（「かわいいのは～」と、「かわいい」を名詞化すれば可能ですが）

①「小学一年生」なのは、だれか？

もちろん「カズマ」です。「小学一年生」なのは、「小学一年生」ではありません

②「カズマのともだち」なのは、「リサ」です。「カズマのともだち」が「カズマ」では変ですね。

③「リサのともだち」は、「アズキ」です。もちろん、「リサのともだち」が「リサ」ではありません。

▶6～7ページの答え

ステップ1 「だれ」「なに」の ことば (2)

だれが

学しゅうした日　月　日

□に 入《はい》る ことばを □から えらんで かきましょう。

① カズマが ボールを けります。

ボールが　サッカーが　カズマが

② リサが なわとびを しています。

カズマが　リサが　なわとびが

6

1年 ステップ1 「だれ」「なに」の ことば

7 答えは「別冊」の3ページに！

くわしい考え方

「だれが～する（した）。」という基本の文です。このとき「だれが」にあたるのが主語ですが、一文の要点がこの主語だということが分かります。

主語をさがすときは、必ず述語から考えます。この順番が大切なのです。論理力を身につけさせることは、いつでも言葉の規則（順番）を意識させることです。そのことで、子どもの頭の使い方が徐々に変わっていきます。

①「けります」に対して、「だれが」けったのかというと、「カズマが」が答えと分かります。「ボールが」「サッカーが」→「けります」とは言いません。「けります」に対して、主語（だれが）は人間でなければならないからです。

②「なわとびをしている」のは「だれか」というと、「カズマが」「リサが」のどちらでも可能ですが、「絵」から「リサ」が答えです。

▶8～9ページの答え

ステップ1 ⇓「だれ」「なに」の ことば（3）

だれが したのかな？

学しゅうした日 月 日

はんにんは だれ？ えを 見《み》て あとの 文《ぶん》の □ に 入《はい》る ことばを □ から えらんで かきましょう。

① **リサが** そうじを しました。

ほうきが　そうじが　リサが

② **カズマが** ちらかしました。

リサが　カズマが　おちばが

8

1年 ステップ1 「だれ」「なに」の ことば

9 答えは「別冊」の４ページに！

くわしい考え方

まずは子どもに設問をよく読ませてください。設問の意味を自分で考えることも大切です。よく理解できていないときは、助けてあげてください。すぐに大人に頼るのではなく、まず自分で考える習慣をつけることです。

①「そうじをしました」のは「だれか」を考えます。述語から主語を考えるのでしたね。もちろん、「そうじをしました」のは、「リサが」であって、「ほうきが」「そうじが」ではありません。

②「ちらかしました」のは「だれか」？「リサが」「カズマが」のどちらも文としては可能ですが、「絵」から「カズマが」だと分かります。「リサ」は怒っている方です。

「だれが（主語）」→「～した（する）（述語）」とは、このように必ずつながっています。そこで、いつも主語→述語という関係を考えましょう。

▶10～11ページの答え

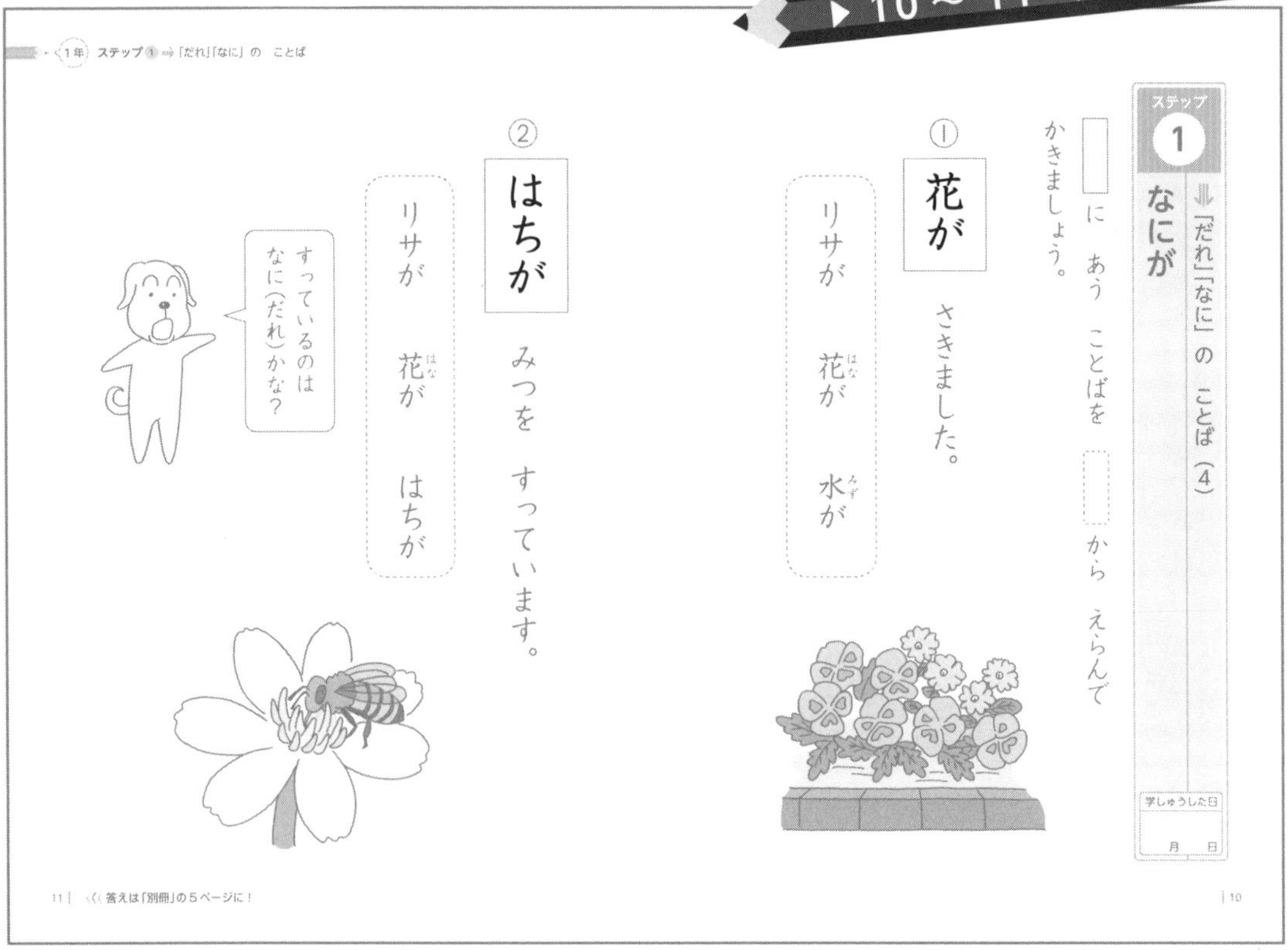

ステップ 1 なにが ⇒「だれ」「なに」の ことば（4）

学しゅうした日　月　日

□に あう ことばを □から えらんで かきましょう。

①
花が
さきました。

リサが　花《はな》が　水《みず》が

②
はちが
みつを すっています。

リサが　花《はな》が　はちが

くわしい考え方

今までは主語が「だれは」「だれが」と、人間でした。次は人間以外の主語の文です。

①「さきました（述語）」の主語は「花が」です。

「花が」と、「さきました」が、意味の上でつながっていることを理解しましょう。「リサがさきました」「水がさきました」とは言いません。ということは、「さきました」の主語になる言葉は限られているということです。

②「すっている」のは「リサが」や「花が」ではなく、「はちが」です。「みつを」は「何をすっているか」、「すっている」の説明を補っている言葉です。このように、述語の中には目的語がないと意味がわからないものがあります。

12～13ページの答え

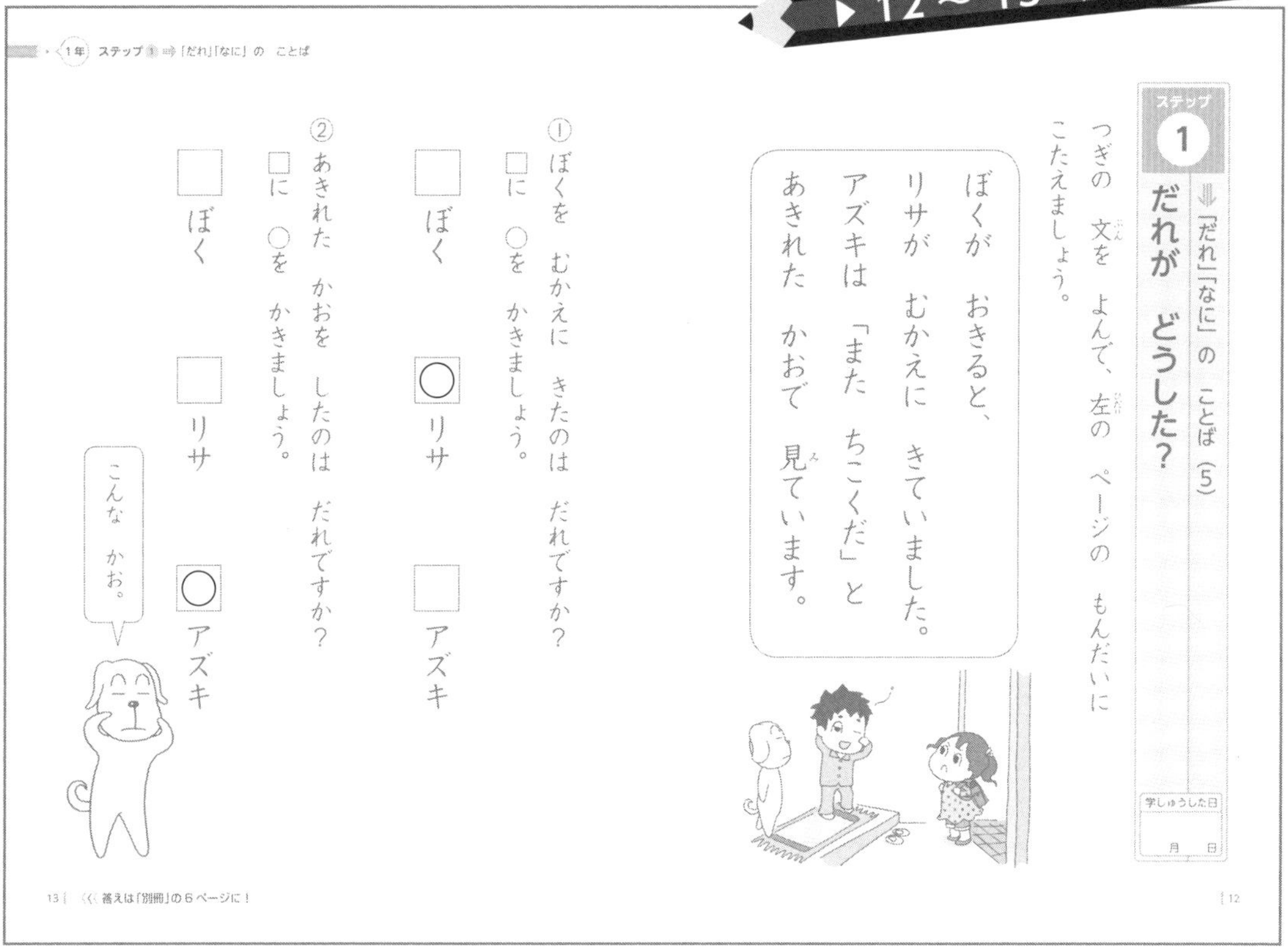

ステップ 1 「だれ」「なに」の ことば (5)

だれが どうした？

つぎの 文《ぶん》を よんで、左《ひだり》の ページの もんだいに こたえましょう。

ぼくが おきると、
リサが むかえに きていました。
アズキは 「また ちこくだ」と
あきれた かおで 見《み》ています。

学しゅうした日 月 日

① ぼくを むかえに きたのは だれですか？
□に ○を かきましょう。

□ ぼく　○ リサ　□ アズキ

② あきれた かおを したのは だれですか？
□に ○を かきましょう。

□ ぼく　□ リサ　○ アズキ

くわしい考え方

文を読むとき、「だれが」「だれは」という主語を意識します。何となく読むのではなく、文に内在する論理に従って読んでいきます。それが感覚的な読み方から、論理的な読み方への展開です。幼い子どものころから、こうした読み方を身につけておけば、生涯にわたって知的生活を営む助けとなります。

①「だれが」に当たる言葉を、文の中から読み取ります。

「ぼくが～おきる」「リサが～むかえにきていました」が、主語と述語の関係。そこで、「むかえにきていた」のが「リサ」だと分かります。

②後半の文の主語と述語は、「アズキは～見ています。」です。「見ています」に説明を加えたのが、「あきれたかおで」なのです。

そこで、「あきれたかおで見ています」の主語は、「アズキは」だと分かります。

一文には大切な要点となる言葉と、それを説明する飾りの言葉とがあることを理解しましょう。さらには、一文が論理的にできている限り、論理（この場合は言葉の規則）にしたがって文を読み取ることが大切です。

「論理エンジン」を学習するときは、いつでも「言葉の規則」を意識してトレーニングをしましょう。何となく文章を読み、何となく答えているのでは、論理力を鍛えることにはなりません。なぜその答えが導き出せたのか、それを「言葉の規則」から説明できることが重要なのです。

最初は、大人の方が助けてあげてください。

▶14～15ページの答え

ステップ 2

どうした（1）

⇒「どうした」「どんなだ」（1）

えを 見《み》て、下《した》の □ に あう ことばを □ から えらんで かきましょう。

① 

バスが **きた** 。

② 

バスに **のる** 。

きた　のる

③ 

いすに **すわる** 。

④ 

いすを **ゆずる** 。

すわる　ゆずる

学しゅうした日　月　日

くわしい考え方

次は、「述語」を意識するトレーニングです。
「主語」と「述語」が必ずつながっていることを理解しましょう。

① 「なにが」→「どうした。」が文の基本形で、この時、「なにが」が主語、「どうした」が述語に当たります。
「バスが」は、主語。それに対する述語は「きた」です。

② 「バスに」は、「なにが」にあたる主語でないことに注意。「バスにのる」と、述語の「のる」を説明する言葉です。そこで、答えは「のる」。
このあたりが理解できたなら、かなり論理的にものを考えることができる子どもだと言えるでしょう。
それと同時に、「バスにきた」という日本語がおかしいと感じたなら、すでに助詞「に」の正確な使い方が身についていると言えます。（助詞は後に学習します）

③ 「いすに」は「すわる」を説明する言葉なので、「すわる」が答え。

④ 「いすを」は、「ゆずる」を説明する言葉なので、「ゆずる」が答え。
このように、「いすに」→「すわる」、「いすを」→「ゆずる」と、言葉はつながりを持っています。このとき、助詞が変わることに注意してください。

▶16～17ページの答え

ステップ 2

⇓「どうした」「どんなだ」(2)

どうした（2） ～民話《みんわ》おおきなかぶ～

学しゅうした日　月　日

かぶは　どんな　ようすかな？（　　）に　あう　ことばを　えらんで　□に　○を　かきましょう。

① おおきな　かぶが（　　）。

□ ひっぱりました
□ たべました
○ できました

② おばあさんが（　　）。

○ てつだいます
□ たべました
□ できました

答えは「別冊」の８ページに！

くわしい考え方

①「主語と述語の関係」を考えます。

「ひっぱりました」「たべました」の主語は、人間です。それに対して、問題文は「かぶが」が主語なので、「できました」が答えです。

②「おばあさんが」につながる述語を選びます。「できました」の主語は、「ごはんができました」のように、人間ではありません。「おばあさんが」に「たべました」も「できました」もつながることができるのですが、「絵」から、おばあさんが「てつだいます」だと分かります。

▶18～19ページの答え

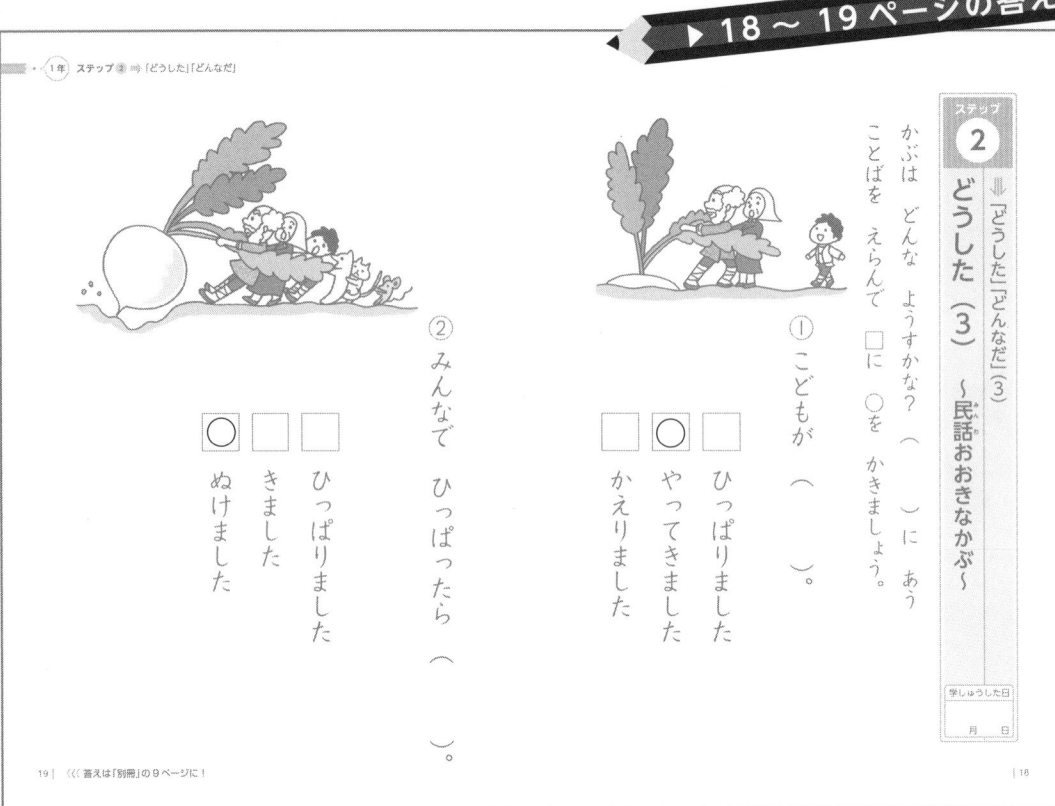

ステップ 2

「どうした」「どんなだ」(3)

どうした (3) ～民話《みんわ》おおきなかぶ～

学しゅうした日　月　日

かぶは　どんな　ようすかな？（　　）に　あう　ことばを　えらんで　□に　○を　かきましょう。

① こどもが（　　）。

□ ひっぱりました
○ やってきました
□ かえりました

② みんなで　ひっぱったら（　　）。

□ ひっぱりました
□ きました
○ ぬけました

くわしい考え方

述語には、「～する」「～だ」という基本の形があります。ここでは、「～する」の形の文章を学習します。「泣く」「笑う」「勉強する」「引っ張る」など、動作を表す言葉です。

①絵を見ると、おじいさんとおばあさんがかぶをひっぱっています。そこに、子どもがやってきました。

まだかぶをひっぱっていませんから、「ひっぱりました」は×。

もちろん、かえっていないので、「かえりました」も、×。

②主語は省略されることがあります。

絵を見ると、他に動物たちも手伝っていることが分かります。そこで、みんながかぶをひっぱったと分かります。

「みんなでひっぱったら」、次はどうなったのかというと、「ぬけました」が答え。

ここでは、「かぶがぬけました」と、主語の「かぶが」が省略されています。

▶20～21ページの答え

ステップ 2 「どうした」「どんなだ」(4)

どんなだ

お手本《て ほん》の ように、ようすを あらわす ことばを ○で かこみましょう。

お手本 アズキは かわいい。

①カズマの いえに すんでいる。

いえに どうしているの？

②アズキは さんぽが すき。

さんぽみちの へいは たかい。

「さんぽ」が どうなの？
「へい」は どんな かんじ？
ようすを あらわす ことばは どれかな？

学しゅうした日 月 日

くわしい考え方

「～だ」の形の文章の学習です。

「カズマは男だ」「アズキは犬だ」「これは夢だ」という場合は、「主語（カズマ）（アズキ）（これ）」＝「述語（男）（犬）（夢）」といった「イコールの関係」が成り立ちます。

それに対して、「彼女はきれいだ」「空が高い」などは、「主語（彼女）（空）」の「ようす（きれいだ）（高い）」を表しています。

①の「お手本」の文の主語は、「アズキ」。次の文も主語が変わらないので、省略されています。「アズキは」→「すんでいる」が、主語と述語。

アズキがどうしているのかというと、「すんでいる」が答え。

②最初の文の主語が「アズキは」で、述語が「すき」。

次の文の主語は「へい」。前の文と主語が変わるときは、主語は省略されません。「へい」の様子を表している言葉が、「高い」です。

主語と述語をまとめましょう。

- ・主語　だれは　だれが　なにが　なには
- ・述語　～だ　～する　動作や様子を表す。
- ・主語と述語は意味の上でつながっています。
- ・主語になることができる言葉（名詞）と、主語になれない言葉があります。

一文の要点となる言葉が主語と述語で、あとはそれを説明する言葉です。

主語は省略されることがあります。

後の文が前の文と同じ主語の場合は省略されることが一般的ですが、主語が変わると省略できません。

▶22～23ページの答え

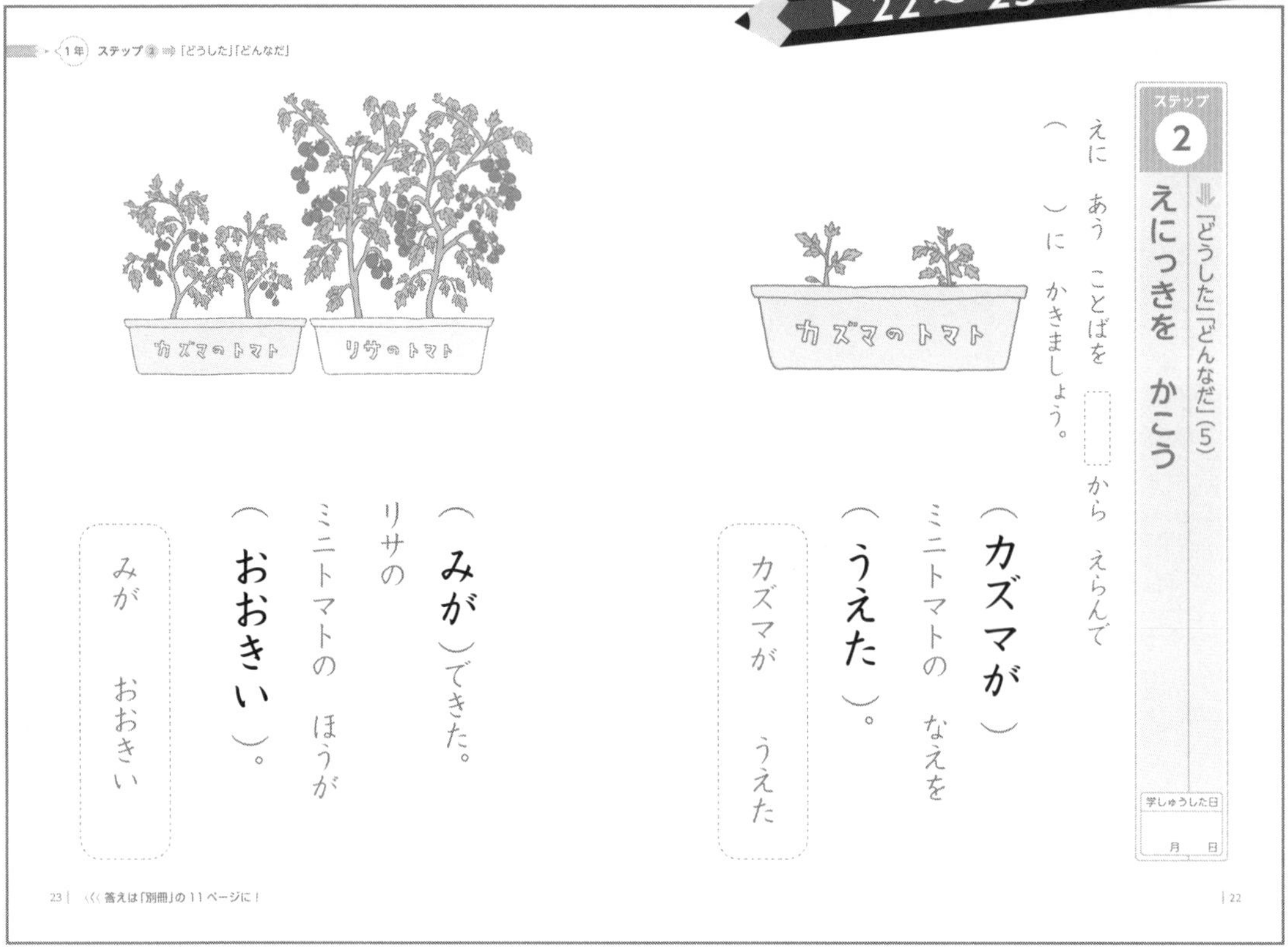

ステップ 2 ⇒「どうした」「どんなだ」(5)

えにっきを かこう

学しゅうした日 月 日

えに あう ことばを □ から えらんで （　）に かきましょう。

（カズマが）ミニトマトの なえを （うえた）。

カズマが　うえた

（みが）できた。
リサの ミニトマトの ほうが （おおきい）。

みが　おおきい

くわしい考え方

主語と述語があれば基本的に一文の骨組みができます。まずは主語と述語のある正確な文を作成します。このことが作文の基本ですが、大学受験生になっても、主語と述語がねじれた文を書いてしまう人が多くいます。小学生のうちにしっかりと身につけておきましょう。

①述語は「うえた」。だれがうえたのかというと、主語は「カズマが」。「カズマがうえた。」が主語と述語ですが、これだけではまだ文として完成していません。何をうえたのかを補ってやると、「カズマがミニトマトのなえをうえた。」と、一文が完成します。

②最初の文は主語がないので、主語を考えます。「できた」のは、「み」ですので、「みができた。」と今度は主語と述語だけで一文が完成します。

後の文は、述語を考えます。「ミニトマトのほうが」に対して、述語は「おおきい」です。

▶ 24 〜 25 ページの答え

1年 ステップ3 くわしくする ことば

ステップ 3

くわしくする ことば (1)

どんな こうじょう?

学しゅうした日 月 日

こうじょうを 見《み》に いきました。文《ぶん》を よみましょう。

しかくい
えんとつが ありました。

そとに コンテナが
たくさん ありました。

24

カズマと リサの はなしに あう えは どれかな?
□に ○を かきましょう。

どんな えんとつかな?
コンテナは どこに あるかな?

25 答えは「別冊」の 12 ページに!

くわしい考え方

一文の要点は主語と述語ですが、そうした言葉により詳しい説明を加えることがあります。それを修飾語と言います。

このように一文は要点となる言葉とそれを説明する言葉とで成り立っています。

リサのセリフの主語は「えんとつが」、述語が「ありました。」。どんなえんとつかというと、「しかくい」で説明をしています。この「しかくい」が説明の言葉です。

さて、三つの絵の中で、四角い煙突がない絵が、×です。

カズマのセリフの主語は「コンテナが」、述語が「ありました。」。どこに「ありました」かというと、「そとに」。どれだけ「ありましたか」というと、「たくさん」。

つまり、「そとに」「たくさん」はともに「ありました。」を説明した言葉です。外にたくさんのコンテナがないのは、×です。

▶ 26～27ページの答え

ステップ 3
くわしくする ことば ⑵
どこに いくの？
学しゅうした日 月 日
リサが おつかいを たのまれました。□に あう ことばを かいて、正《ただ》しい えの □に ○を かきましょう。
① とりにくを かいに にくや へ いくよ。
とうふや
さかなや
にくや
○
② ももを とどけに カズマ と リサが、おじいちゃんのいえ へ いきます。
カズマのいえ
リサのいえ
おじいちゃんのいえ
○
1年 ステップ 3 くわしくする ことば
27 答えは「別冊」の13ページに！
26

くわしい考え方

① 「かいに」を説明した言葉が、「とりにくを」です。「とりにくを」買いに行くには、「にくや」ですから、下の絵が答え。

② 「（　　）と」「（　　）へ」は、ともに述語「いきます」を説明した言葉です。主語は「リサ」、だれといったのかというと、絵から「カズマ」。

ここから難しいかもしれません。リサとカズマがももをとどけにいくのですが、「とどけにいく」という言葉から、自分たちの家以外の場所だとわかります。そこで、「おじいちゃんのいえ」に届けに行く、下の絵が答えです。

▶28〜29ページの答え

ステップ 3
⇓くわしくする　ことば（3）
なにを　しているの？
どうぶつえんで　みた　ことを　メモしたよ。
おっぱい
いわ
すわっている
あげている
ZOO
どうぶつえん
右《みぎ》の　メモの　ことばを　つかって、
えに　あうように　文《ぶん》に　しましょう。
①　いわ　に　すわっている　。
②　おっぱい　を　あげている　。
学しゅうした日
月　日
1年　ステップ3　くわしくする　ことば
29　答えは「別冊」の14ページに！
28

くわしい考え方

動物園で、猿がそれぞれどのような様子なのか、それを表す述語を選ぶ問題です。それぞれ述語にふさわしい言葉を考えましょう。まず選択肢を見ると、述語になるのは「すわっている」か「あげている」です。それぞれの言葉のつながりを考えると、「いわ」－「すわっている」、「おっぱい」－「あげている」となります。最後に絵を見て確認します。

①述語は「すわっている」、どこに座っているのかを説明しているのが「いわに」。

②述語が「あげている」、なにをあげているのかを説明しているのが「おっぱいを」。

大切なのは答えを出すことではなく、答えを見つけ出すプロセス、頭の使い方です。

▶30 ～ 31 ページの答え

1年 ステップ3 くわしくする ことば

ステップ 3

くわしくする ことば (4)

どんな おさいふ?

カズマが おさいふを おとしたよ。
こうばんに いったら おさいふが いっぱい!

学しゅうした日 月 日

おさいふの ようすを よんで、あてはまる おさいふを
右《みぎ》の えから さがして ○で かこみましょう。

どんな かたち?

しかくいよ。

どんな もよう?

水《みず》たまだよ。

31 答えは「別冊」の 15 ページに!

30

くわしい考え方

「なにが」にあたる主語、「どんなだ」にあたる述語を意識します。
さらに選択肢を絞り込む練習です。
一つ一つ条件に合うものを選んでいきましょう。
「しかく」なものをまず選びます。
次に、選んだ中から、次に「水たま」なものを選びます。
この問題は選択肢が絵になっていますが、今後の学習に備えて、選択肢から正解を選ぶことになれておきましょう。

▶32〜33ページの答え

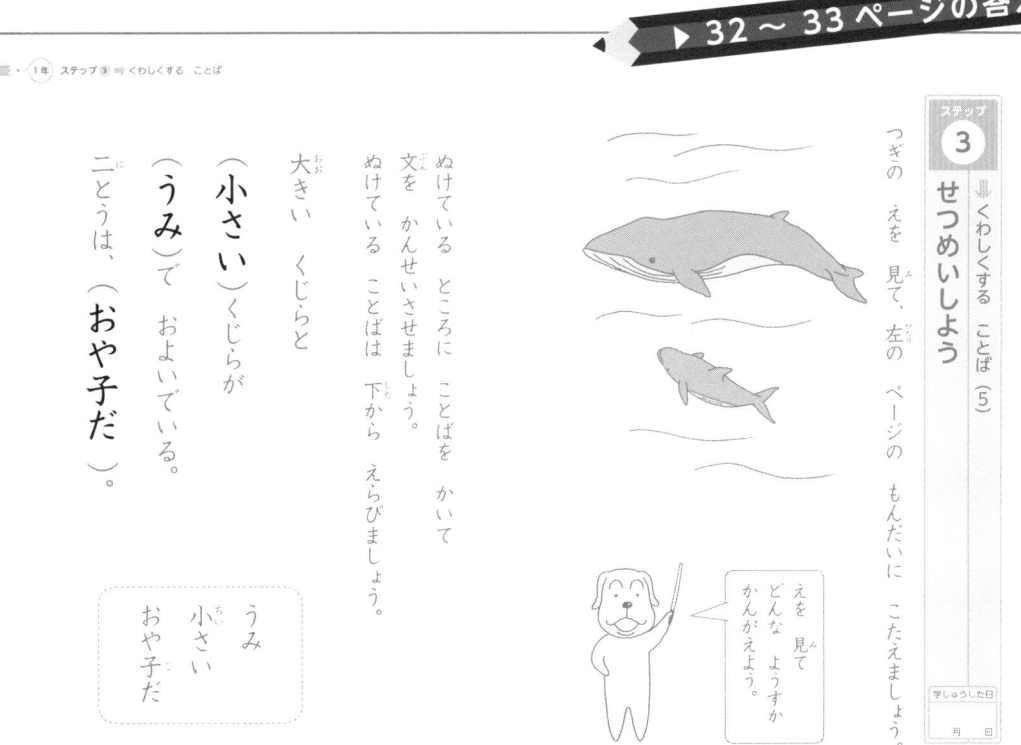

ステップ 3 くわしくする ことば (5)

せつめいしよう

学しゅうした日　月　日

つぎの えを 見《み》て、左《ひだり》の ページの もんだいに こたえましょう。

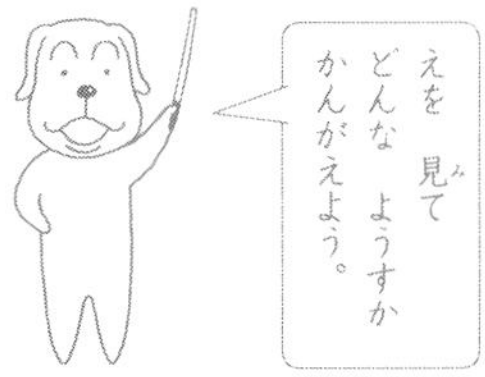

ぬけている ところに ことばを かいて 文《ぶん》を かんせいさせましょう。
ぬけている ことばは 下《した》から えらびましょう。

大《おお》きい くじらと
（**小さい**）くじらが
（**うみ**）で およいでいる。
二《に》とうは、（**おや子だ**）。

うみ
小《ちい》さい
おや子《こ》だ

くわしい考え方

ここまでは一文を正確にとらえるトレーニングをしてきました。一文は要点となる主語と述語から成り立っていて、主語は省略されることがあることを学びました。

そして、必ず主語は述語と意味的につながっているのです。

さらに、それを補う大切な言葉や説明を付けたす言葉も学びました。

こういった一文の構造をはっきりと意識すると、正確な読解と正確な記述が可能になります。

ステップ3の最後の問題は、その説明の言葉、修飾語を自分で選ぶ問題です。大切なことは、その飾り言葉がどの言葉を説明して（修飾して）いるのかを意識することです。


絵を見ると、二頭のくじらが並んで泳いでいることがわかります。

「大きなクジラ」と、もう一頭は「小さいクジラ」です。「小さい」という言葉がクジラを説明する言葉であることを意識します。

最初の文の述語は「およいでいる」。どこで泳いでいるのか、それを説明している言葉が「うみで」です。

二つ目の文は、「だれかは〜だ」という基本の文です。この時、「だれ」＝「〜」の関係が成立します。

「二とうは」が主語で、それに対する述語は、「おや子だ」。

この時、「二とう」＝「おや子」という関係が成り立つのです。


論理的な頭の使い方に習熟するには、今、どの規則を使っているのかを意識することが大切です。ジムなどでトレーニングをするときも、ただ漠然と練習するのではなく、今、どの筋肉を鍛えている練習なのかを意識すると、大きな効果が得られることと同じです。

▶34～35ページの答え

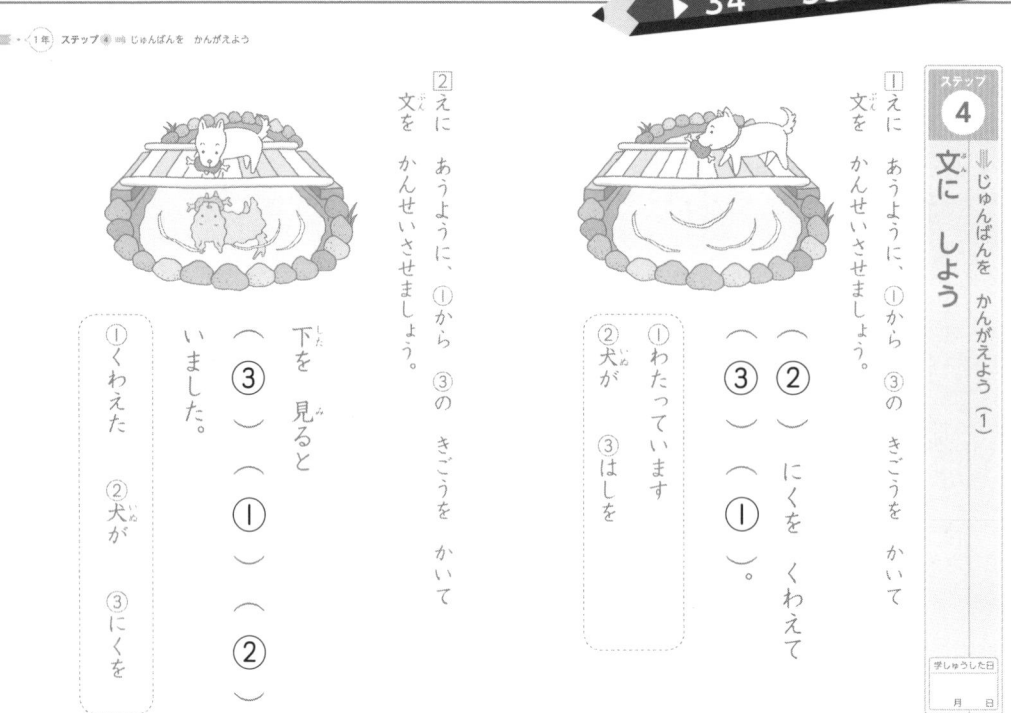

ステップ 4

⇓じゅんばんを　かんがえよう（1）

文《ぶん》に　しよう

学しゅうした日　月　日

1 えに　あうように、①から　③の　きごうを　かいて　文《ぶん》を　かんせいさせましょう。

（②）にくを　くわえて

（③）（①）。

①わたっています
②犬《いぬ》が
③はしを

2 えに　あうように、①から　③の　きごうを　かいて　文《ぶん》を　かんせいさせましょう。

下《した》を　見《み》ると

（③）（①）（②）

いました。

①くわえた
②犬《いぬ》が
③にくを

くわしい考え方

さて、新しい段階に進んでいきましょう。

一文を正確に捉えるトレーニングができたなら、次には筋道を立てて考える練習に入ります。

論理とは筋道のことであり、考える力とは物事を筋道を立てて考える力のことです。そして、言葉で考えるためには、言葉を規則に従って正確に使いこなす力が必要です。

その入門編のトレーニングです。しっかりと自分で考える習慣を身につけさせましょう。

■問題1

まず何が述語かを考えましょう。「わたっています」が述語で、それに対する主語が「犬が」。残った言葉の「はしを」は、「わたっています」を補う説明の言葉です。

■問題2

「いました」の主語は、「犬が」。残った言葉のつながりを考えると、「にくを」→「くわえた」となります。そして、「にくをくわえた」は「犬」を説明している説明の言葉です。

▶36～37ページの答え

ステップ 4

⇒じゅんばんを かんがえよう (2)

おはなしづくり (1)

えに あう 文《ぶん》を えらび、
□に えの すう字《じ》を かきましょう。

学しゅうした日 月 日

1

2

3

犬《いぬ》は「わん。」と、
ほえました。

4

にくは いけに おちて
しまいました。

3

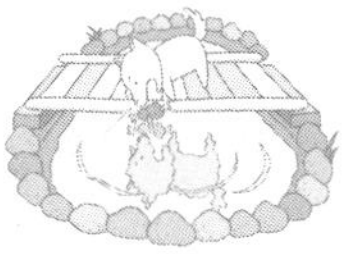

4

1

犬《いぬ》が にくを
くわえて はしを
わたって います。

2

下《した》を 見《み》ると
にくを くわえた
犬《いぬ》が いました。

くわしい考え方

話の筋道を考えましょう。

子どもがどのように問題を解くのか、じっくりと観察してください。

1～4の絵の違いを発見できるかどうかです。

1～3は、肉をまだ池に落としていません。それに対して、4は肉を池の中に落としてしまいました。

そこで、犬がなぜ肉を池に落としたのか、その話の筋道を考える問題だと分かります。さらに、下の文を理解できたかどうかも、大きなヒントになります。

すべての絵は、犬が橋の上にいます。ただし、注意深く観察すると、1だけが橋を渡っている途中で、他はすべて橋の真ん中で立ち止まっています。

そこからも、最初は「犬がにくをくわえてはしをわたっています。」となります。

2は池に映った自分の姿を見ています。大切なことは、この時、犬の視点から話を理解したかどうかです。人間の視点から見れば、池に犬の姿が映っているだけですが、犬からすると、もう一匹の犬が肉をくわえているように見えたのです。そうでないと、話の筋道がつながりません。そこで、「下を見るとにくをくわえた犬がいました」となります。

3は、犬がほえた瞬間です。そこで、「犬は『わん。』と、ほえました。」がきます。ここで、子どもになぜ犬がほえたのか、その理由を尋ねてみてください。子どもが筋道を立てて考えているかどうかが分かります。

4は、犬が肉を落としたところなので、「にくはいけにおちてしまいました」が答え。ここでも、なぜ肉が落ちてしまったのか、その理由を子どもに尋ねてみてください。

このように話の筋道を考えるということが、この問題では特に大切です。

▶38〜39ページの答え

ステップ 4

じゅんばんを　かんがえよう（3）

おはなしづくり（2）

学しゅうした日　月　日

おはなしを　じゅんばんに　よみましょう。

1 犬《いぬ》が　にくを　くわえて　はしを　わたって　います。

2 下《した》を　見《み》ると　にくを　くわえた　犬《いぬ》が　いました。

3 犬《いぬ》は　「わん。」と、ほえました。

4 にくは　いけに　おちて　しまいました。

38

1年　ステップ 4　じゅんばんを　かんがえよう

えに　あう　おはなしは　どれかな？

□に　おはなしと　おなじ　すう字《じ》を　かきましょう。

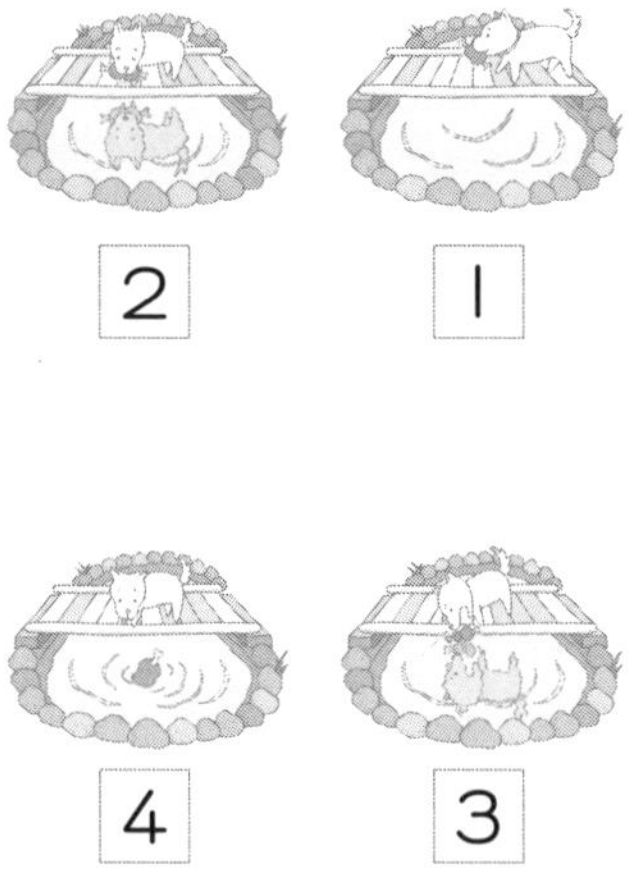

39　答えは「別冊」の 19 ページに！

くわしい考え方

前問は絵を観察し、それをもとに文を選ぶ問題でした。

今度は逆で、文を筋道を立てて理解します。そして、それに基づいて、絵を選んでいきます。

1 橋を渡っているのは、右上の絵。

2 肉をくわえた犬が池に映っているのは、左上の絵。

3 犬がほえたのは、右下の絵。

4 肉が池に落ちたのは、左下の絵。

このように、物語を筋道たてて考えるトレーニングをしていきましょう。

▶40～41ページの答え

ステップ 4

じゅんばんを かんがえよう（4）

どんな じゅんばん？

せつめい文《ぶん》を よんで もんだいに こたえましょう。

せつめい文《ぶん》

カズマは サッカーの しあいで 2かい シュートして 1かいめは ゴールできました。
2かいめは ゴールできませんでした。
しあいは、カズマの チームが かちました。

つぎの 文《ぶん》を せつめい文《ぶん》に あうように じゅんに ならべます。
□に 1から 3までの すう字《じ》を かきましょう。

3 カズマは しあいに かちました。

2 カズマは シュートして ゴールできませんでした。

1 カズマは シュートして ゴールできました。

学しゅうした日 月 日

くわしい考え方

筋道を立てて考えるトレーニングです。
「せつめい文」の要点を読み取ります。そして、論理の順番に並べ替えます。
カズマはサッカーの試合で二回シュートしました。
すると、二回のシュートが成功したかどうかが問題となります。
一回目はゴールできました。
二回目はゴールできませんでした。
試合の結果は、カズマのチームの勝ちです。
これらを読み取ったならば、次にどのような筋道を立てればいいのかを考えます。

選択肢は3つあるのですが、「カズマはしあいにかちました」は試合の結果なので、最後に持っていきます。
残りの選択肢は、「ゴールできました」「ゴールできませんでした」ですが、「1かいめ」「2かいめ」という、順番を表す言葉に着目しましょう。一回目が「ゴールできました」なので、こちらを最初に並べます。

▶42～43ページの答え

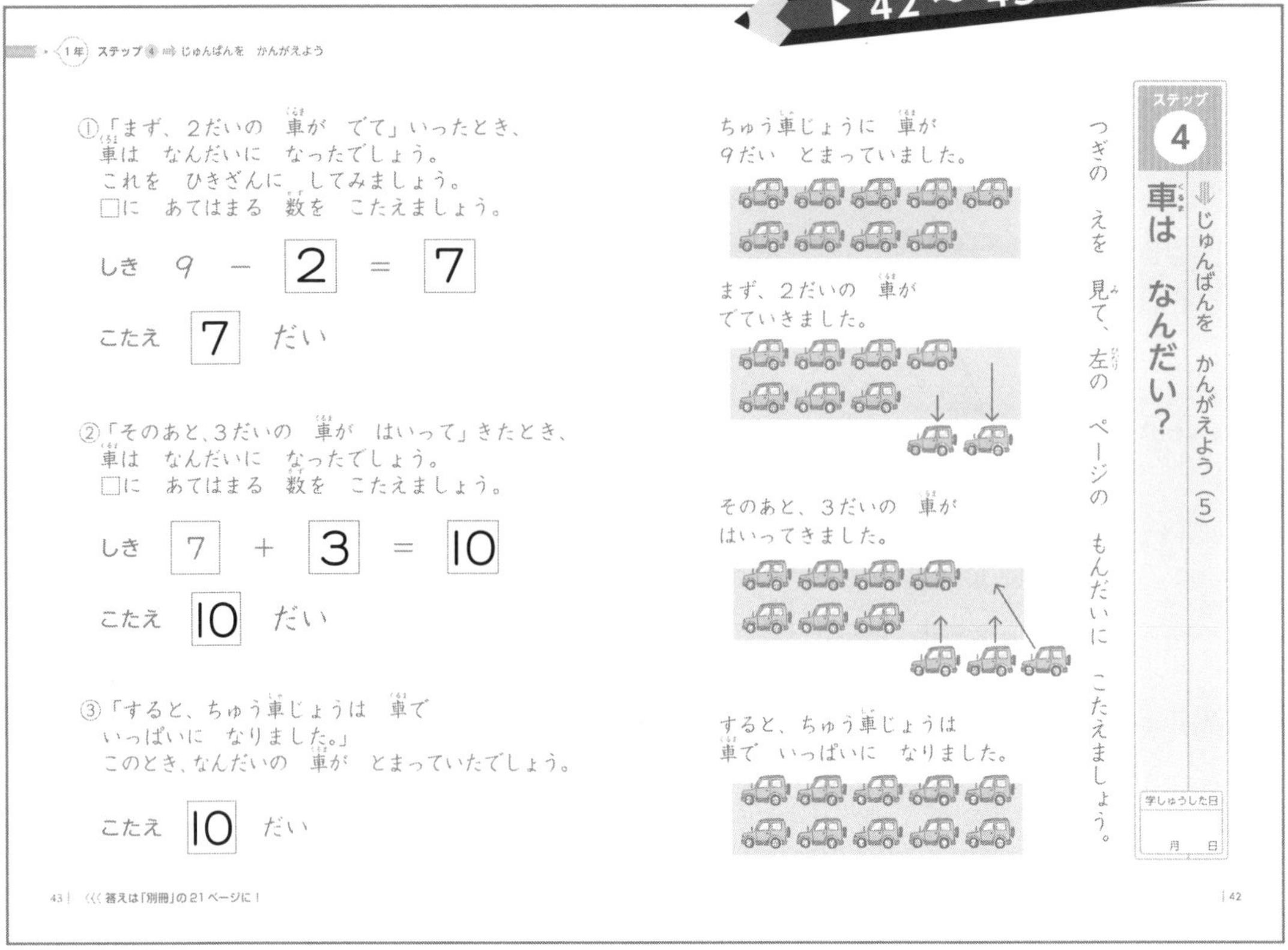

ステップ 4

⇓じゅんばんを かんがえよう (5)

車《くるま》は なんだい？

つぎの えを 見《み》て、左《ひだり》の ページの もんだいに こたえましょう。

ちゅう車《しゃ》じょうに 車《くるま》が
9だい とまっていました。

まず、2だいの 車《くるま》が
でていきました。

そのあと、3だいの 車《くるま》が
はいってきました。

すると、ちゅう車《しゃ》じょうは
車《くるま》で いっぱいに なりました。

学しゅうした日　月　日

42

1年 ステップ 4 ⇒ じゅんばんを かんがえよう

①「まず、2だいの 車《くるま》が でて」いったとき、
車《くるま》は なんだいに なったでしょう。
これを ひきざんに してみましょう。
□に あてはまる 数《かず》を こたえましょう。

しき 9 － 2 ＝ 7

こたえ 7 だい

②「そのあと、3だいの 車《くるま》が はいって」きたとき、
車《くるま》は なんだいに なったでしょう。
□に あてはまる 数《かず》を こたえましょう。

しき 7 ＋ 3 ＝ 10

こたえ 10 だい

③「すると、ちゅう車《しゃ》じょうは 車《くるま》で
いっぱいに なりました。」
このとき、なんだいの 車《くるま》が とまっていたでしょう。

こたえ 10 だい

43 ＜＜＜ 答えは「別冊」の21ページに！

くわしい考え方

算数の問題です。実は、小学校での算数のほとんどは、四則計算さえできれば、あとはすべて国語力（論理力）なのです。

そこで、「論理エンジン」で、算数問題の考え方をしっかりと身につけ、文章題を解けるようにしていきます。

①今、車が9台とまっています。

これを算数の言葉で表すと、数字の9です。

「2だいのくるまが出て」とあります。出て行くと車の台数が減るのですから、それを算数の言葉で表すと、「－」です。

そこで、

9－2＝7

残り7台だと分かります。

②「くるまがはいって」くるのを、算数の言葉で表すと、車の台数が増えるのですから、「＋」。そこで、

7＋3＝10

となり、今、駐車場には10台の車がとまっていることが分かります。

③車10台で「ちゅう車じょうはくるまでいっぱい」なので、この時駐車場には10台の車がとまっていたことになります。

▶ 44 ～ 45 ページの答え

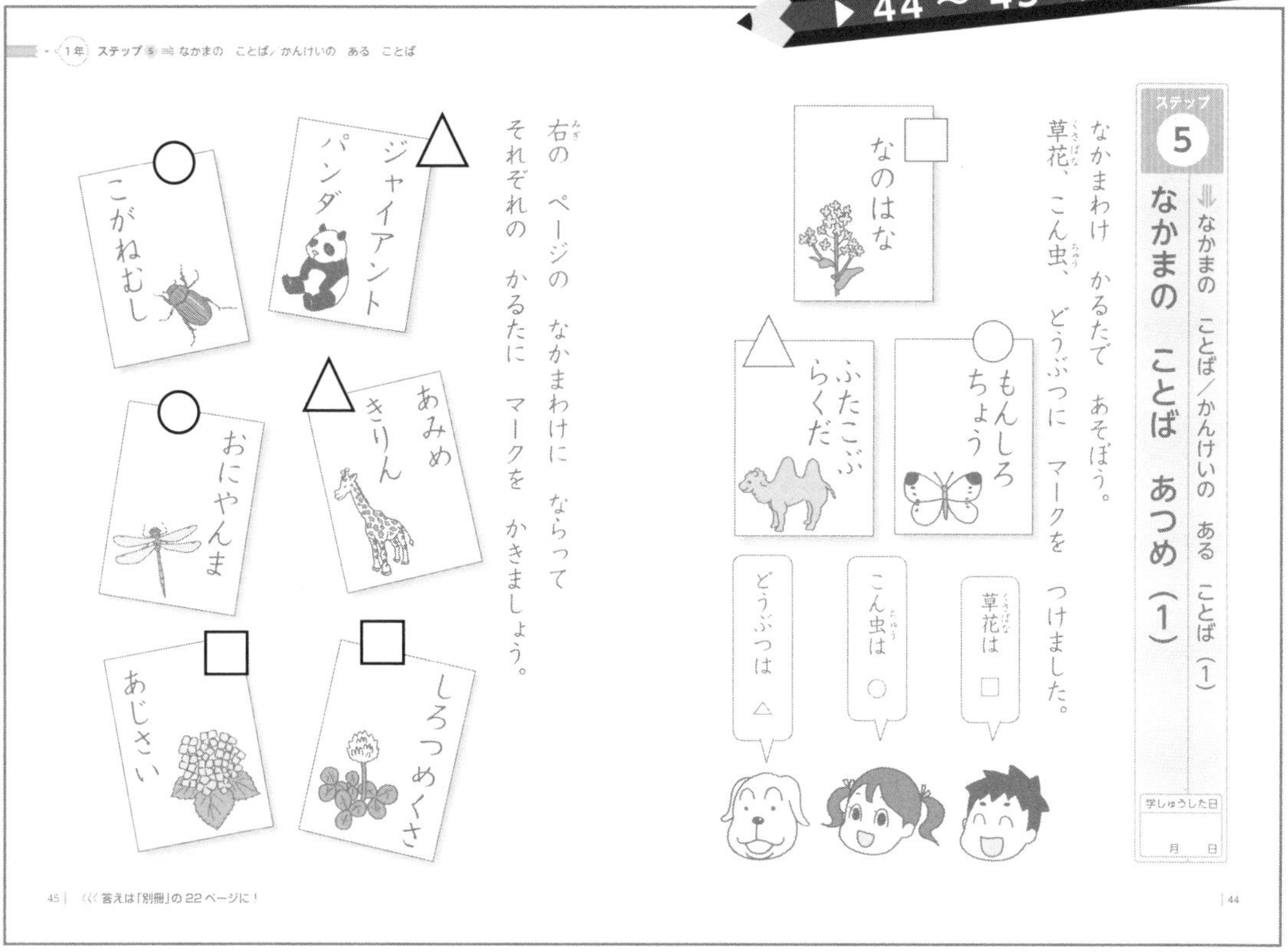
ステップ 5 ⇓なかまの ことば／かんけいの ある ことば（1）

なかまの ことば あつめ（1）

学しゅうした日 月 日

なかまわけ かるたで あそぼう。
草花《くさばな》、こん虫《ちゅう》、どうぶつに マークを つけました。

なのはな □

もんしろちょう ○

ふたこぶらくだ △

草花《くさばな》は □

こん虫《ちゅう》は ○

どうぶつは △

44

1年 ステップ5 なかまの ことば／かんけいの ある ことば

右《みぎ》の ページの なかまわけに ならって それぞれの かるたに マークを かきましょう。

ジャイアントパンダ △

こがねむし ○

あみめきりん △

おにやんま ○

しろつめくさ □

あじさい □

45 ＜＜＜ 答えは「別冊」の 22 ページに！

くわしい考え方

ステップ5は何のためのトレーニングなのかわかりにくいかもしれませんが、実は非常に重要な頭の働きをさせるものなのです。

論理の世界に入っていくには、具体→抽象といった頭の働きが必要で、この働きは、実は将来高度な知的生活を営むためにも不可欠になっていきます。

たとえば、A君、B君、C君はすべて違う人間であり、二人と同じ人間は存在しません。ところが、初めて「男の子」という言葉を使ったとき、A君、B君、C君の共通点を抜き取ったのです。そういった頭の働きを抽象と言います。それに対して、A君、B君、C君を具体というのです。

言葉の働きは実はこの抽象にあります。現実に存在するものはすべてたった一つのものです。それを抽象化して得た概念が言葉なのです。「桜」「机」「愛」など、すべて実際に存在するものではなく、「桜的なもの」、「机的なもの」、「愛的なもの」を抜き取って概念化します。だからこそ、人間は体験できないもの、目に見えないもの、手に触れることのできないものまでも、論理的に考えることができるのです。

それが「論理エンジン」で言うところの「イコールの関係」なのです。

A君、B君、C君（具体）＝男の子（抽象）

こうした言葉の使い方が、論理的な頭の使い方となるのですが、まだ今のうちは難しいことを理解する必要はありません。

「論理エンジン」では、自然とそういった能力を養成していくようにプログラミングされています。ただ、こうしたトレーニングの重要性をおうちの方にはぜひ理解しておいて欲しいのです。

しろつめくさ・あじさい（具体）→草花（抽象）
ジャイアントパンダ・あみめきりん（具体）→どうぶつ（抽象）
こがねむし・おにやんま（具体）→こん虫（抽象）

46～47ページの答え

ステップ 5 なかまの ことば／かんけいの ある ことば (2)

なかまの ことば あつめ (2)

学しゅうした日 月 日

□の 中《なか》の ことばを よみましょう。

おちば

年《ねん》がじょう

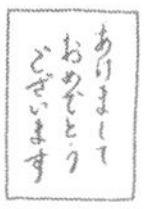

こいのぼり

せみ

右《みぎ》の ページの ことばを、なかまに あてはまる ところに かきましょう。

① ははの日《ひ》 たけのこ

こいのぼり

③ ぶんかの日《ひ》 いもほり

おちば

② うみの日《ひ》 かきごおり

せみ

④ お正月《しょうがつ》 みかん

年がじょう

くわしい考え方

具体→抽象のトレーニングの変形です。個々の事柄の共通点を発見し、それをグループ分けします。これも論理力を鍛えるための基礎トレーニングです。

各グループの共通点は「季節」です。それを見抜けたかどうか。

①春のグループ 「母の日」五月の第二日曜日の行事 「たけのこ」春の野菜

②夏のグループ 「海の日」七月の第三月曜日の祝日 「かきごおり」氷は夏

③秋のグループ 「文化の日」十一月三日の祝日 「いもほり」いもは秋

④冬のグループ 「お正月」一月 「みかん」は冬の果物

▶48～49ページの答え

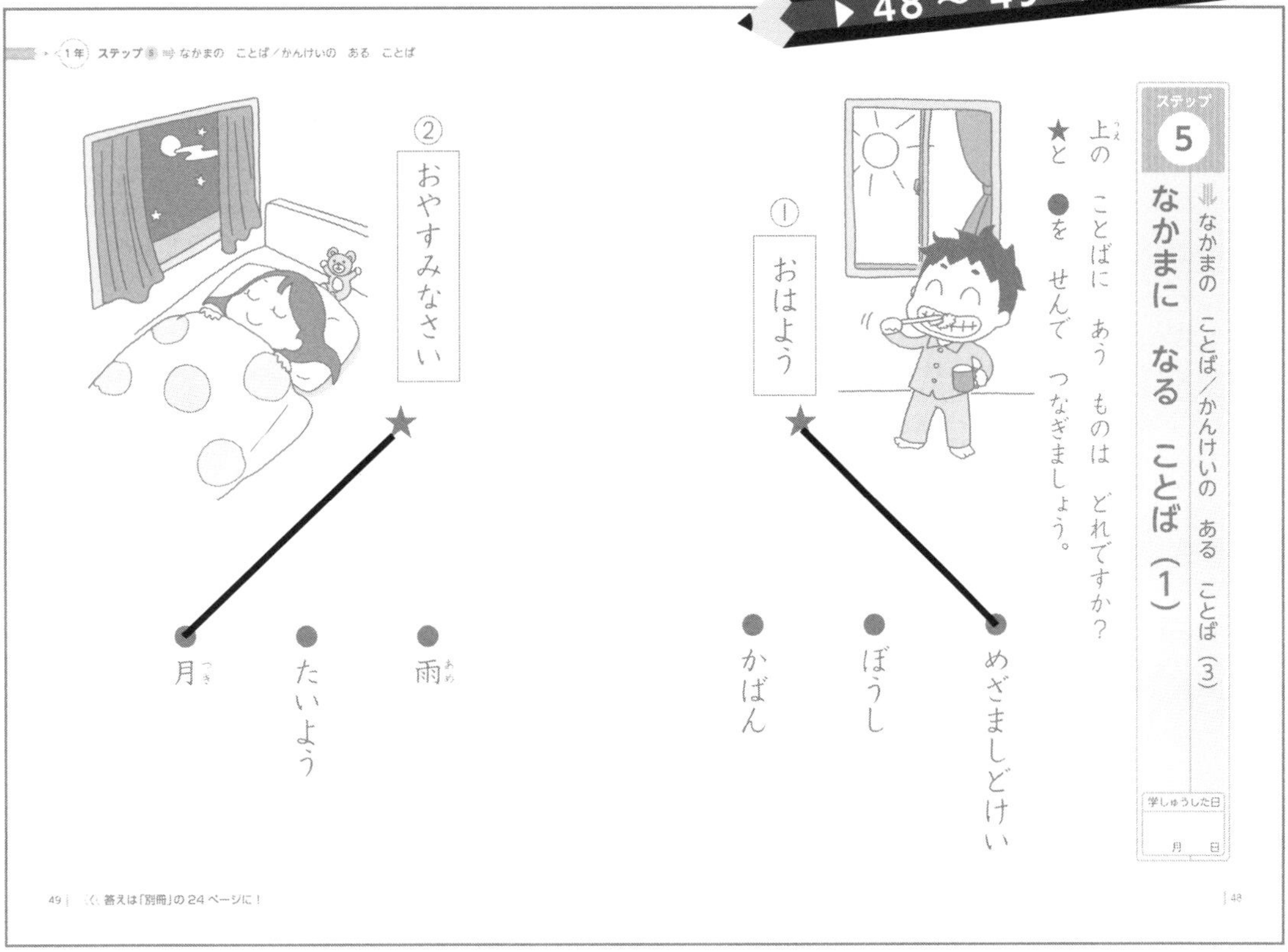

ステップ 5

なかまの ことば／かんけいの ある ことば（3）

なかまに なる ことば（1）

上《うえ》の ことばに あう ものは どれですか？

★と ●を せんで つなぎましょう。

①おはよう

めざましどけい

ぼうし

かばん

学しゅうした日　月　日

48

1年 ステップ5 なかまの ことば／かんけいの ある ことば

②おやすみなさい

雨《あめ》

たいよう

月《つき》

49 答えは「別冊」の24ページに！

くわしい考え方

事柄と事柄との関連性を見抜くトレーニングです。

①「おはよう」は朝、起きたとき。それと関係あるのは「めざましどけい」。「ぼうし」「かばん」は起きたときとはとくに関係ありません。

②「おやすみなさい」は夜、眠るとき。「雨」「太陽」は夜とは限りません。「月」は夜に出るので、関係があります。もちろん、絵もヒントになります。窓の外には月が出ています。

▶50～51ページの答え

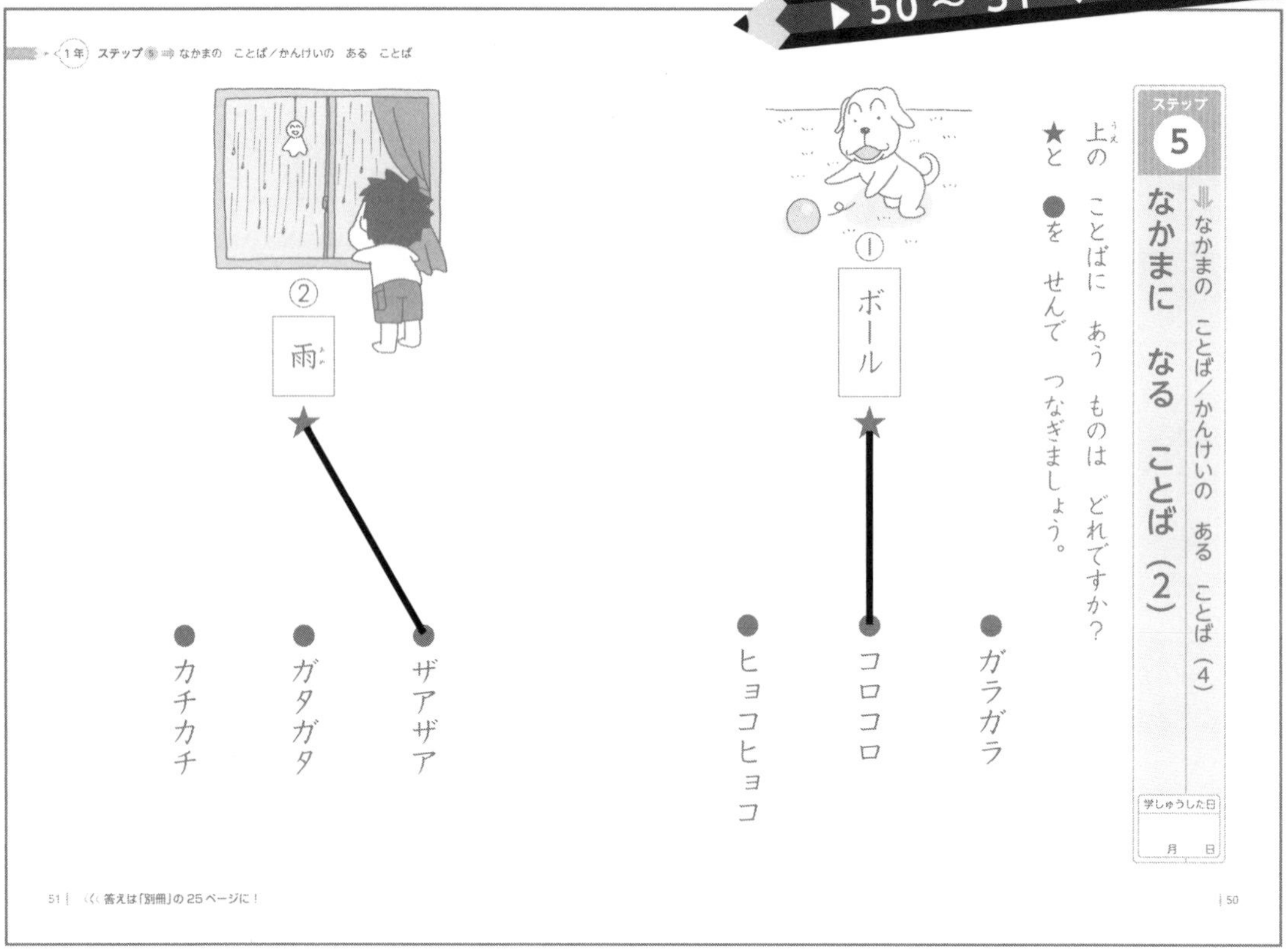

ステップ 5

⇓なかまの ことば／かんけいの ある ことば (4)

なかまに なる ことば (2)

学しゅうした日 月 日

上《うえ》の ことばに あう ものは どれですか？
★と ●を せんで つなぎましょう。

① ボール ★ ― ● コロコロ
（● ガラガラ　● コロコロ　● ヒョコヒョコ）

② 雨《あめ》 ★ ― ● ザアザア
（● ザアザア　● ガタガタ　● カチカチ）

 答えは「別冊」の25ページに！

くわしい考え方

関係のある音を選ぶ問題ですが、実はこれはオノマトペの一つである擬音語の問題なのです。

それぞれどんなときに音が出るのか、子どもに尋ねてみてください。

①ガラガラ　シャッターなどを開けるとき　カンなどを引きずるとき
コロコロ　ボールなど、丸いものが転がるとき
ヒョコヒョコ　ひよこなどが歩くとき

②ザアザア　雨が激しく降るとき
ガタガタ　ものが揺れるとき　体が震えるとき
シンシン　雪が降りしきるとき

52～53ページの答え

ステップ 5

⇓なかまの　ことば／かんけいの　ある　ことば（5）

たしざんと　ひきざんの　ことば

学しゅうした日　月　日

1 下《した》の □ に　あう　ことばを　□から　えらびます。ことばを　○で　かこみましょう。

たしざんの　ことばは　どれ？

あわせる（○）
すくない

シールを　3まい
もっています。
カズマの　3まいと
□　と、
6まいに　なります。

52

1年　ステップ5　⇒なかまの　ことば／かんけいの　ある　ことば

2 下《した》の □ に　あう　ことばを　□から　えらびます。ことばを　○で　かこみましょう。

ひきざんの　ことばは　どれ？

もらう
あげる（○）

シールを　6まい　もって
います。
アズキに　2まい
□　と、
4まいに　なります。

53　くわしい答えは「別冊」の26ページに！

くわしい考え方

算数への導入問題です。国語の言葉を算数の言葉に置き換えるトレーニングは、文章題を解くときに威力を発揮します。

■問題1

算数の言葉に置き換えると、「あわせる」では増えるのだから「＋」、「すくない」は減るのだから「－」です。

シール3枚に、あと3枚合わせると、合計6枚になります。

3＋3＝6

答え　あわせる

■問題2

算数の言葉に置き換えると、「もらう」では増えるのだから「＋」、「あげる」は減るのだから「－」です。

シール6枚から2枚減ると4枚になるので、2枚あげたことになります。

6－2＝4

答え　あげる

▶ 54 ～ 55 ページの答え

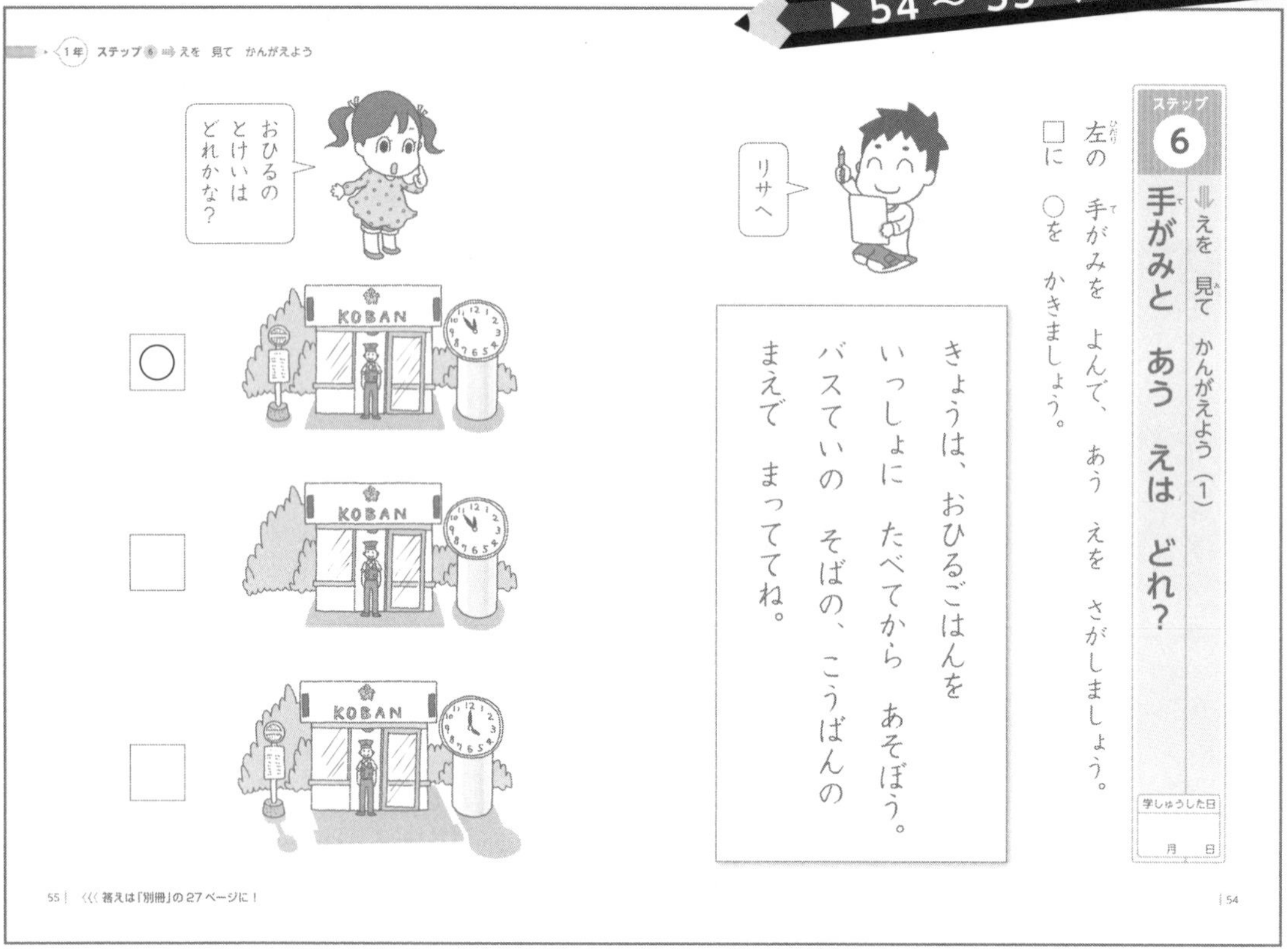

ステップ 6

えを　見《み》て　かんがえよう（1）

手《て》がみと　あう　えは　どれ？

学しゅうした日　月　日

左《ひだり》の　手《て》がみを　よんで、あう　えを　さがしましょう。

□に　○を　かきましょう。

リサへ
きょうは、おひるごはんを
いっしょに　たべてから　あそぼう。
バスていの　そばの、こうばんの
まえで　まっててね。
おひるの
とけいは
どれかな？
KOBAN
KOBAN
KOBAN
○

くわしい考え方

論理とは物事の筋道のことです。

そして、論理は他者意識が強いほど自然と生まれてくるものなのです。

他者とは、たとえ親子でも、お互いに感覚ではそうそうは分かり合えないという意識です。だから、筋道を立てるしかありません。

赤ちゃんには他者意識はありませんから、当然論理を持っていません。泣けば、お母さんが自分の不満を察して何とかしてくれるからです。不満が解消されないときはむずかるか泣き寝入りをするしかありません。

子どもが次第に成長するにつれて、他者意識が芽生えてきます。そして、子どもなりに自分の気持ちを分かってもらおうと筋道を立て始めるのです。

それは言葉の使い方に表れてきます。ただし個人差が非常に大きいので、「論理エンジン」によって論理を訓練していきましょう。

選択肢を見ると、「時計＝時間」、「交番・バス停＝場所」の条件を読み取らなければならないことが分かります。

そこで、問題文から与えられた情報を読み取ります

時計　おひるごはんをたべてから

場所　バスていのそばのこうばんのまえ

二つの条件を満たしているのは、いちばん上の絵です。

1年 ステップ6 えを 見て かんがえよう

ステップ 6

⇓えを 見《み》て かんがえよう (2)

なぜ しかられたのかな?

学しゅうした日 月 日

つぎの えを 見《み》て、左《ひだり》の ページの もんだいに こたえましょう。

このあと、カズマは けいびの 人《ひと》に しかられました。
それは なぜでしょう。正《ただ》しい 文《ぶん》に ○を かきましょう。

□ カズマが じてん車《しゃ》に のるのが へただから。

□ ひとりだけ じてん車《しゃ》で ずるいから。

○ まわりの 人《ひと》に ぶつかって けがを させてしまうかも しれないから。

56

57 <<< 答えは「別冊」の 28 ページに!

くわしい考え方

問題の絵から与えられた状況を理解し、しかられた理由を考えます。
まずは問題の絵の情報を正確に読み取れたかどうか。
場所は公園の中。
たくさんの小さな子どもたちが遊んでいます。
そこにカズマは自転車で遊んでいるわけです。
そういった情景をしっかりと理解できたかどうか。
次に、なぜカズマがしかられたのか、子どもに自分で考えるようにしむけてください。

・自転車に乗るのがたとえ上手でも、小さな子どもにけがをさせないとは限りません。
・「ずるい」からしかられたのではありません。
・小さな子どもがたくさんいるのに自転車に乗っていたなら、ぶつかってけがをさせてしまう可能性があります。そんな時は、自転車から降りて遊びましょう。

▶ 58 ～ 59 ページの答え

ステップ 6
えを 見《み》て かんがえよう (3)
正《ただ》しく せつめいできるかな?
学しゅうした日 月 日
つぎの えを 見《み》て、左《ひだり》の ページの もんだいに こたえましょう。
ティラノサウルスは、するどい はを もち、たいちょうは、8メートルから 12メートル くらいでした。
58
1年 ステップ 6 えを 見て かんがえよう
右《みぎ》の 文《ぶん》と おなじ ことを いっているのは どちらかな? □に ○を かきましょう。
① □ ティラノサウルスの 8メートルから 12メートルの たいちょうは 赤《あか》です。
② ○ するどい はを もつ ティラノサウルスは、8メートルから 12メートルくらいの たいちょうです。
たいちょうとは、からだの ながさ、大《おお》きさの ことだよ。
59 答えは「別冊」の 29 ページに!

くわしい考え方

この問題も、問題文を正確に読み取ったかどうかで、国語の典型的な問題です。ただ「論理エンジン」は、文章の内容を理解した上で、それに基づいて自分で考える力を養います。

問題文は、ティラノサウルスについて。これを「話題」と言います。

「話題」についての情報は、

1．するどい歯をもつ

2．体長　8～12メートルくらい　の二つです。

①「するどいはをもち」という条件がありません。しかも「たいちょう」は体の大きさのことなので「赤」は関係ありません。

②問題文を言い換えた文です。

▶60～61ページの答え

1年 ステップ6 えを 見て かんがえよう

ステップ 6

⇓えを 見《み》て かんがえよう（4）

なんびきに なったかな？

つぎの えを 見《み》て、左《ひだり》の ページの もんだいに こたえましょう。

学しゅうした日　月　日

つぎの 文《ぶん》の □に ことばを 1字《じ》ずつ 入《い》れて、えに あう 文《ぶん》を かんせいさせましょう。

［り］［す］が 4ひき います。

もう ［1］ ぴき きました。

［ぜ］［ん］［ぶ］で ［5］ ひきに なりました。

61　答えは「別冊」の30ページに！　60

くわしい考え方

絵を見て、正確な文を作成します。算数＋国語の問題です。

始めの文の主語は「りす」です。最初の絵ではりすが四匹います。

二番目の絵で、一匹のりすがきました。

一匹増えたのですから、算数の言葉では「＋」です。

4＋1＝5

ここで「＋」という算数の言葉を、今度は国語の言葉で表すと、「ぜんぶ」です。「あわせて」でも同じ意味ですが四字だから間違いです。

このように小学校の算数は実はほとんどが国語の問題なのです。

算数の文章題は必ず論理的にできています。そこで、日本語を論理的に読み取れば、必ずそれを算数の言葉に置き換えることができます。

後は、計算するだけです。

もちろん、今のうちから正確な計算力はつけておいてください。

▶62～63ページの答え

ステップ 6

⥥えを 見て かんがえよう ⑸

どんな しきに なるかな？

学しゅうした日
月 日

リサの 花《か》だんと、カズマの 花《か》だんに、チューリップが さきました。

リサの 花《か》だん

カズマの 花《か》だん

①2人《ふたり》 あわせて なん本《ぼん》の チューリップが さいたでしょう。
正《ただ》しい しきと こたえを ○で かこみましょう。

しき （6＋4） 6－4

こたえ （10本《ぼん》） 2本《ほん》

②リサの 花《か》だんと、カズマの 花《か》だんで さいた チューリップは、どちらが なん本《ぼん》 おおいでしょう。
正《ただ》しい しきと こたえを せんで かこみましょう。

しき 6＋4 （6－4）

こたえ （リサの 花《か》だんが 2本《ほん》 おおい。）

カズマの 花《か》だんが 2本《ほん》 おおい。

くわしい考え方

最後に、もう一題、算数の問題を国語で解きましょう。

①リサの花壇には6本のチューリップが咲いています。カズマの花壇には4本のチューリップが咲いています。
「あわせて」は、算数の言葉だと「＋」。そこで、
6＋4＝10

②どちらがおおいのかは、リサのチューリップとカズマのチューリップとを比べてみればいいのです。比べてみるときは、大きな数から小さな数を引くので、算数の言葉だと「－」です。そこで、
6－4＝2
リサの花壇の方がチューリップが2本多いと分かります。